mario h. kraus
farben der verwirrung II

AF237623

das ist die art von buch
die mit wohligen glucksgeræuschen
begrueßt wird

ein wahres volksbuch
das nur noch vertont werden muss
um vollkommen zu sein

gewidmet den berliner wasserbetrieben
die mir immer wasser durch die leitung schicken
wenn ich gerade welches brauche

die æhnlichkeit
mit verwechslungen
ist rein zufællig

ein inhaltsverzeichnis
ist nicht erheblich
da das buch kaum inhalt hat

warnhinweis

dieses buch sollte nicht gelesen werden von leuten
- die ihren leeren salzstreuer zum kundendienst schicken
- die ganztægig zu den bunten farben in ihrem kopf tanzen
- die einen aufblasbaren blindenhund im schrank halten
- die nicht lesen kœnnen oder
- die im "ewig dunklen raum" sitzen (mahlzeit!)

mario h. kraus

farben der verwirrung II

befragung der weiterhin schweigenden zeit

bibliografische information der deutschen nationalbibliothek

die deutsche nationalbibliothek verzeichnet diese publikation
in der deutschen nationalbibliografie

detaillierte bibliografische daten sind
im internet ueber dnb.dnb.de abrufbar

© 2021 dr. mario h. kraus

herstellung & verlag
bod - books on demand
norderstedt

isbn 978-3-753-40190-4

statt eines vorwortes:
betrachtungen ueber die zumutbarkeit von verkehrsschildern
oder:
wie alles immer besser wird wenn man nicht daran wackelt
oder:
hier ist straffe welterklærung nœtig
oder:
husch husch ins kœrbchen
oder:
nicht auch das noch

1. den kleiderschrank mit einem segel zu versehen
kann auch beim besten willen
nicht mehr als zeitgemæße notwehr gelten

2. es ist eine wahre augenschlacht
umwickelt zu sein mit feinem golddraht
in den lichtdurchtosten abgruenden des gewichteten preisverfalls

3. feuriges nervenœl zu verschenken
gilt heute nicht mehr als
farbiger widerhall sittenwidriger rechtsauslegung

4. deshalb muessen wir uns stets besinnen
dass strahlkraft gleißenden widerhall zeitigt
& liebe nur nachmittags strœmt

5. warum ist es umweltfreundlicher
seinen aufziehhund in truegerischer stille spazieren zu fuehren
als unter bruecken geschlechtsverkehr zu haben?

6. hier helfen nicht einmal mehr wœchentliche regierungswechsel:
das bruennlein gibt kein wasser mehr
seit dummheit volkseigentum geworden ist

7. jedes staatsversæumnis hat helle wohlklingende hænde
denn bildungsversehrte erhalten einen preisnachlass
wenn sie ganz lieb darum bitten

8. wer wollte nicht feiern
wenn der beidseitig verlorene buttervogel
in das massengrab der hoffnungen gelegt wird?

9. mit einem scharfen hobel
sein schicksal zu befragen
læsst auf weiche winter schmackhafte sommer folgen

10. nachbarn werden scheinbare erlebnisse
beim einkauf unter der dusche erzæhlt
gegebenenfalls unter umgehung des gesellschaftlichen fortschritts

11. woher kommt nur dieser uebelgeruch?
sternwandlungen sind auch nicht mehr was sie einmal waren
& der streusand ist schon wieder alle

12. es gibt keine entschuldigung fuer mangelnde abartigkeit
wenn das ganze land auf ein klingeln horcht
das donnerstags bis in die seele reicht

13. es ist durchaus vernuenftig
sich beim beobachten beobachtet zu fuehlen
& dies mit einem tiefen seelenverlust zu erklæren

14. niemand folgt leichtfueßig dem glockenklang
der sein gewissen gegen feuchten schaum eingetauscht hat
(oder so æhnlich ist es ueberliefert)

15. nachts sollte die sonne scheinen
denn am tag ist es sowieso hell
sprach es aus der widerlichen sternwarte

16. kniebeugen sind steuerbefreit
wenn sie den næchsten weltkrieg verhindern
oder verzweigten strom sparen

17. es soll niemand mehr leichtfertig sagen:
es ist montag
(leise zu tanzen ist erkenntnisreifer)

18. es schallt aus der tiefe: komm du feuchte sau
lass die flaschen kreisen & die glæser anecken
so lange der staat bezahlt

19. brueder & schwestern fliegen nach sicht
das sollte das schlimmste hoffen lassen
denn der feierabend erhœht die trefferzahl

20. wæhrend der fleischwerdung des gedruckten wortes
hæufen sich die beschwerden
es kann nicht jede woche eine hinrichtung geben!

21. wer hat nicht alles gestritten fuer ein aromatisches ladenschlussgesetz
mit leidenschaft in einzelhaft?
(selbstverstændlich unter wuerdigung aller umstænde)

22. um die wuerfel richtig fallen zu lassen
brauchen wir aber mehr als
fummelkrænzchen mit stummelschwænzchen

23. stummes geschrei ist das gebot der stunde
& auch wasserfeste schuldscheine:
das geht nur durch richtig harte arbeit (selten so gelacht)

24. auf der landkarte zu reisen
verschafft hevorragende einblicke
in die seele der haustiere

25. wer rechtzeitig samtige handschuhe anzieht
erzeugt in der gesamten nachbarschaft
sanfte querwellen mit der gewuenschten breitenwirkung

26. haben menschen nicht seit jeher?
oder kœnnen sie statt dessen?
mit welchen mitteln aber nur?

27. handball ohne wuerfel ist wie golf im strafraum
merkt euch das ihr quergefickten mistkinder
es gibt aber begruendete ausnahmen

28. warum hat man angst vor længe & breite & hœhe
will sich aber in der tiefe suhlen?
da ist nur wohldosiertes erschrecken angezeigt

29. es gibt keinen grund
geige spielen zu lernen wenn man nur ab & zu mal
geige spielen will (das nennt man freiheit)

30. die nuttige anmutung eines waldes zu strafen
ist lediglich eine ersatzhandlung
fuer fehlende rechenschaft ueber das vaterland aller muetter

31. erkenntnisse erfolgreich einzudæmmen
erfordert seit der antike erhebliche kochkuenste
die der begeisterung aller umliegenden bevœlkerungen erliegen

32. geduld læsst selbst granit weich werden
wird aber nicht mit einem ehrengrab gewuerdigt
wenn es am selben tag regnet

33. eine fuehrungsrolle einzunehmen
heißt im richtigen moment auf reisen zu sein
wie es von der geschichte gefordert wird

34. auch morgen gibt es schnitzel wenn wir es nur wollen
die einfuehrung des rueckwærts zæhlenden kalenders
steht ebenfalls kurz bevor (vor was eigentlich?)

35. fellweiche erleuchtung zittert im raum
um dann in sich oder andere zusammenzufallen
mit einem zarten plopp

36. zeitweilig notgeiles buckeljucken
schafft nur anzeichenlose erleichterung
bei abendlichen offenbarungsseiden

37. hoffnung zu betreiben wird langsam zu eng
aber ein großer schœner teppich
erinnert an regelmæßigen obstverzehr

38. wenn man schon nachts die wohnung verlassen muss
soll man die jungfrauen mit der richtigen anschrift versehen
& allseits stillschweigen bewahren

39. flach zu atmen hilft zwar gegen vorzeitigen ruhm
aber wer kann schon lebenslænglich
den vater von der mutter unterscheiden?

40. alpenhoch klemmt die tuer
nach langem kampf gegen drogen
(schokolade schmeckt scheinbar scheckig)

41. jagt das blickdichte echo!
einbahnstraßen sind anmaßend
wogegen moderne schœnheit meist kugelfœrmig wirkt

42. niederschwellige entschuldigungen helfen nur denjenigen
die ihre behandlung in der laufenden woche abbrechen
um in strahlender sonne eine sekte zu gruenden

43. die farbe rot muss zwangslæufig vom hungergefuehl ablenken
sanftes raunen læsst die hæuser erzittern
bevor die altvorderen cremigen schaum in große kisten packen

44. schleifenhaariger husten zeugt von ergiebiger lustmehrung
in zwœlferschritten geschehen augenartige verwachsungen
auf harter schmieriger unterlage

45. lasst den schmutz an euch hochsteigen
& fallt ins licht
um rechtzeitig zum mittagessen zu kommen

46. dankbehaftet im regen zu singen
ist allemal besser als
nackt auf den ladentisch gebunden zu werden

47. seit einfuehrung der krustenlosen streichwurst
ist es mit der volksbeherrschung abwærts gegangen
das nennt man fortschritt

48. das bedauerliche zu bedauern
ist zeitverschwendung die aber bezahlt wird
danach muss gruendlich aufgeræumt werden

49. verwechslungen sind alltæglich
doch mit genug rotem klebeband
kann werktags das beste verhindert werden

50. das fleisch ist verdorben
die luft ist verdorben
die menschen sind verdorben (von der kunst ganz zu schweigen)

51. brotwœlfe & bluthirsche
schweben zærtlich durch den nebel
auf der suche nach neuen ewigkeiten

52. sammelwut treibt die augenzeugen
in die kalte nacht der erregung
ausgestattet mit riesigen selbsttæuschungen

53. haariges restgebein begrenzt die træume
im sinne zeitgemæßer entdeckerfreude:
wird heute schon der wald brennen?

54. staubige lustgefuehle in abartiger anzahl
werden sorgfæltig auf kleinen karten notiert
denn der heutige tag hat einen wirklich sehr langen abend

55. seelischer not entsagend
haben sich in diesen erfreulichen zeiten
schon viele mit den richtigen fahrkarten versorgt

56. die zubereitung von fischgerichten auf œffentlichen plætzen
ist eine reine willenssache
das zeigt sich in jedem schaltjahr

57. bei guenstiger großwetterlage
bellen selbst hunde nur mit einem blick auf die uhr
(haben die zeitungen gelogen?)

58. anschwellende sicherheit der entscheidung
læsst sogar die sanftesten verfechter des raumes
ihre haustiere im badezimmer schænden

59. reformstau im einzelhandel
kostet erbgleiche randgruppen tag fuer tag
ihre langsam aufsteigenden gluecksblasen

60. im sonnenlicht blætternd wie in einem langweiligen buch
stellt sich die machtfrage
(dabei wird die landwirtschaft noch nicht einmal erwæhnt)

61. den lebenssinn an der gegenueberliegenden œffnung zu suchen
schuetzt vor geschmacksverirrung
alles andere ist heutzutage glaubenssache

62. fehlannahmen ueber die wohnungsfrage
sorgen fuer bewegung unter tage (sehr gut!)
das muss in gebeten beruecksichtigt werden

63. wer tagsueber menschen begegnet
die sich von ihren eigenen kleidungsstuecken verfolgt fuehlen
muss maßnahmen ergreifen (& zwar mit beiden hænden)

64. es ist an der zeit anlauf zu nehmen
fuer den endgueltigen beherzt-geschmeidigen sprung
bevor das essen fertig ist

65. ein wirklich gutes lied erklingt nicht
es wird vielmehr rechtzeitig in den stein des lebens gemeißelt
& ist vom strandkorb aus gut zu lesen

66. deckungsgleich im schongang
muss sich lautstark entæußern
wer sich mit verhaltenen bewegungen selbst einmauert

67. sich am ganzen kœrper mit senf zu bestreichen
ist eine gute gespræchsgrundlage
aber zu wenig fuer eine unternehmensgruendung

68. die hitze eines erfolgreichen blauen feuers
wird schon bald zur verhandlungssache
fuer die halbgeborenen in ihren hœhlen

69. um sich in einer abendgesellschaft hervorzutun
ist brustschwimmen in prachtgewændern
wie eine zerzauste augenweide am wegesrand

70. etwas luft aus einem stein zu lassen
schafft ein bequemes sitzkissen
ohne jegliche kinderarbeit

71. wird das letzte augenbein den baum hinaufgefuehrt
erlischt der anspruch auf steuerermæßigung
mit dem aufkommen des uebelriechenden morgenlichts

72. druckstellen am einhorn weichen der nacht
fuer alle deren schaukelstuhl
ihnen tapfer vorausgefolgt ist

73. wer sich bis zum hals eingræbt & dabei lacht
wird den vertrag nicht unterzeichnen
der hinter dem zaun gerade im wasser versinkt

74. wenn es in der blauen jacke zu laut wird
sollten baldmœglichst mit zitternder hand
die ersten 1.000 kerzen zum altar getragen werden

75. dem flackernden licht der zukunft
nach ganz tief unten in die dunkelfeuchte kueche des lebens zu folgen
fuehrt an den wackelnden tisch der weisheit

76. heute gibt es milchreis!
welch schlimme geschicke wæren der menschheit erspart geblieben
wære dieser satz nie gesprochen gewollen geworden?

77. befæhigungsaufsicht ist das zauberwort
in der spæten erkenntnis des amtlich reinen todes
(so steht es in spiegelverkehrter schrift geschrieben)

78. nackt im hauptbahnhof einzutreffen
bringt erhebliche wettbewerbsvorteile
bei der preisung des fortschritts

79. straflos zu atmen verschafft freiræume
die den urahnen zu ruhm verholfen hætten
bevor sie (pling) in heiliger læhmung erstarrten

80. partnerschaftliche zweckentfremdung von geræuschen
verursacht den sofortigen anstieg der sættigung
fuer das seelenheil der muellverbrennung

81. unterschwellige stromzufuhr kann nicht annæhernd
den zusammenbruch berechenbar machen
bevor nicht die nicht-speise nicht eingenommen ist

82. was kann nicht an fremde vergeben werden
& wiegt sich im nœrdlichen gedærm?
der faltige weg der zukunftsstraße ist erhaben

83. die freudige bereitschaft heimischer gewæsser
zeigt angst als schlechten weg ins helle
(anmut ist wichtiger als weisheit)

84. wer in die reihe der helden aufgenommen wurde
widersteht dem salz des lichts
denn die zielgenauigkeit verfliegt in der morgensonne

85. gut gemeinte peitschenhiebe locken junge fachkræfte
wæhrend der ofen laut klingelnd
junge hunde durch das wilde leben jagt

86. fleischfarbener abfall der weltenrundung
liegt denen laut im weg
die zukunftsfreude in gesang uebertragen

87. mit lautem klopfen dringt wasser durch das leben
& hindert zwangsbegruendungen daran
ihre wurzeln durch berge von geld wuchern zu lassen

88. vorkehrungen zum frischhalten alter opfer
verleiten nur sonntags zum applaus
wenn die versicherungspræmien bezahlt sind

89. nehmen alle platz auf der stachligen bank der bekehrung?
selbst die œffnungszeiten der fruchtbarkeit
schuetten zweifel in die vorgærten

90. gleichschritt ist die lœsung fuer fast alle
vor dem zeitigen nordlicht behauptete beschwerden!
ganz fern im schattenwald laufen die letzten fremdpferde

91. halblautiges singen verhallt im sommertrueben schlamm
zu trommelwirbeln wird vorsichtig gesalbt
(der zukunft kann man sich auch leise næhern)

92. heute œffnet sich die erde den heimkehrenden zuckeropfern
damit die alles erhœehende freude
das bisher dagewesene zu wegesrændern macht

93. nach feierabend wird die rinde von der gewissheit geschælt
mit siegbereiten dunkelhænden
durchdrungen vom duft des verspielten gewinns

94. niemand im weiten gedankenrund schafft mehr
als jene die durch munddank weich wurden
& die heimat aller singvœgel anbeteten

95. nein ist das wort hinter dem kein komma erscheint
was nicht rechtzeitig gefuehlt wird
muss vor sonnenaufgang verspeist werden

96. was wird auf næchtlicher rennbahn geschehen
wenn die kœrbe voll mit falscher gesinnung erhoben
& dem vorbeifliegenden volk gezeigt werden?

97. streift der glæserne lufthauch noch eine weitere tuer
wird fast jedem die luesterne flutwelle der erniedrigung
die plæne bereichern: es gibt zukunft!

98. volksweisheit hængt summarisch im kleiderschrank
heute ist der tag zwischen den welten
wie uns der ueble hauch aus der sonnenachse gewahr werden læsst

99. seitliche gewissheit zeugt freude:
will ein tauber fuß noch eine so lange reise antreten?
es ist zeit zum mittagessen (wie oft denn noch?)

100. flimmernde salzgeburt des augenblicks
bezeuge die ehrenhaftigkeit der nacht
die alle mahlenden geræusche verklingen læsst

101. wem der blick in den meeresspiegel gebietet
ein veropferungsverfahren einzuleiten
der wird im im heimischen walde nicht gluecklich

102. schamdumpfes murmeln im dumpfkalten zwielicht
weist den weg zum selbstverschuldeten erfolg
(huch eine lichtgestalt!)

103. teil einer großen bedarfsgemeinschaft zu sein
deutet auf ein erhebliches inneres geburtsgewicht
im drang dem gerueschten kadaver zu gefallen

104. an ungeraden wochentagen werden die straßen gelueftet
um den bildungsbeschædigten meinungsverbrauchern
der hœheren gehaltsgruppen lust zu verschaffen

105. ohrenstarker bodenbewuchs
ist eine zeitgemæße grundlage fuer erfrischendes heldentum
(es ist mir eine æhre sprach der landwirt)

106. trocken ist das schicksal all jener
die durch die umstænde geringfuegig behindert sind
doch heute ist der große tag!

107. selbstheiligung ist neuerdings fœrderfæhig:
der erheblichkeit wird eine treppe gebaut
aus zartschmelzendem befæhigungsgeflecht

15

108. die arena handlungsfreudig am gutaussehenden tag zu betreten
ist ein zeichen uebertragbarer gesundheit
lasst eine spur von gold durch den himmel ziehen!

109. der schauerhall hallt quer & gar struppelicht
durch die schatten einer verwaltungsvorschrift
ein behrchen brummt melodisch im dunkel

110. vereinfæltigung
vermehrfæltigung
vervielfæltigung (mengenrabette werden gewæhrt)

111. verlæssliche ergebnisoffenheit ist wohl wenigvergleichlich?
wæhrend die umliegende bevœlkerung auf magergrasigem weideland verweilt
erscheint zukunft auf der hœhe (plumps)

112. die langen reihen der hoffnungsfrohen neuankœmmlinge
harren in grundstellung der erstbegattung
wæhrend sie im stiefelglanz ihrer fuehrer aufleuchten

113. wie jedem anstændigen kinderbuch zu entnehmen ist
machen schweine nœff-nœff
warum wird dies nicht in der rechtsprechung beruecksichtigt?

114. durch die nacht klingt ein leis liedchen
es klingt aber nicht gut
das liegt an der dunkelheit oder der regierung

115. du sollst zu einem enthaupteten nie sagen:
jetzt mal kopf hoch das wird schon wieder
sprach die mutter aller messer beim blutabwischen

116. zartgoldener ascheregen heftet sich an das dach der verheißung
um vom rinnsal des augenblicks
laut hustend in die frohe zukunft gekotzt zu werden

117. nein nein sprach es aus der tiefe
doch doch sprach es aus der hœhe
wer jetzt den schalter findet hat ruhe

118. gedanken kœnnen sich nicht verbergen
sie stinken nach dem sumpf ihrer geburt
& haften zæh wie faulendes leder

119. wichtige botschaften unserer zeit
spiegeln sich immer wieder in bewegten warmen gewæssern
um auch kurz vor feierabend auf die vorschriften hinzuweisen

120. an einem tisch platz zu nehmen der schon fort ist
auf einem stuhl der noch nicht da ist
das ist die hœchste aller zeitgemæßen kuenste

121. der griff zum kochblut
sollte stets die letzte maßnahme
der augenanbetung sein (jawoll)

122. zuckend verendet ein gehauchtes wort
im strahl der allgemeinen begeisterung
(gestern war es um diese zeit schon viel spæter)

123. nachts werden nur die ganz langsamen
in das schicksalsrad der ewigen treue gesaugt
um als gelbe blume im eis wiedergeboren zu werden

124. stellvertretende lebensangst wird frei haus geliefert
denn ganz erhebliche steuerrueckzahlungen
sind den willensglæubigen bereits zugesagt

125. der tag kœnnte so schœn sein
wenn die milch der anerkennung
an der richtigen stelle aus der wand kæme

126. sparsam geschælte willensbekundungen
sind kein ausreichender ersatz
fuer einen freudvollen heldengedenktag

127. der weise trat aus den resten der zerschissenen latrine & sprach:
gar oft unterscheiden sich sieger von verlierern
nur durch den starren blick fuer das verwesentliche

128. sich schuettelnd unter zartgefiederter freudenlast
gebrochen im glaubensregen
sinkt das schnittgut zeitigen lebens seitwærts

129. morgen fueh gegen halb zwœlf
kœnnten schon die ersten dampfgetriebenen partisanen
in der kantinendæmmerung erscheinen

17

130. statt vor schmerz zu schreien
ist es allemal unterhaltsamer
einen gebuehrenzahler laufen zu lassen

131. miteinander zu sprechen
wære viel schneller & angenehmer zu bewerkstellgen
wenn es geræuschlos geschæhe

132. hier wird keine einzige muehsalsscheibe mehr geschnitten
wenn es nicht bald
auf einer sauberen rechtsgrundlage geschieht

133. waisenhaftes schamspringen im morgenlicht
erleichtert zu allen zeiten
die wahlbeteiligung der brustfuetterer

134. den heldenreichen nachkommen
muss beizeiten geraten werden
die glocke des schicksals sanft rundzufeilen

135. statt licht einzuschalten empfehlen fachleute
einfach die dunkelheit auszuschalten
oder bei offenem fenster schwimmen zu gehen

136. der einsatz beidseitig drehbarer schrauben
wird nur noch durch die fehlentwicklung der forstwirtschaft
an werktagen geringfuegig behindert

137. zeichnet mit einem ganz feinen stift
allabendlich knallrote trauerrænder um die zukunft
sprach der weise wæhrend er zu boden fiel

138. wer sich einen draht durch den kopf zieht
um kostenlosen rundfunk zu erzeugen
malt auch bilder aus feuchtem nebel

139. es haben schon viele versucht
große geister in kleine flaschen zu sperren
sie alle treffen sich beim altglas wieder

140. pastellfarbene meinungen werden sorgfæltig
eingetragen in das große zartblættrige buch
um schon morgen gute dienste im scheißhaus zu leisten

141. der trockenschalk lacht schon den ganzen tag
ihm fehlt es noch an der fristgerechten erlœsung
(nur der vollgesabberte boden ist leicht eklig)

142. der morgen beginnt zeitgemæß-sinnenfroh
wenn als allererstes im steingarten
ein stræußchen stahlbumen gepflueckt wird

143. wer rund um die uhr schritte hœrt
kann sich sicher sein:
abends ist alles zertrampelt

144. zwangsarbeit wird kuenftig auf kleingærten beschrænkt
meinte das schuechterne orakel
soll das etwa zum lustgewinn beitragen?

145. frœhlicher jagdfleiß trieb so viele ueber die bruecke
heute sind die meisten davon ueberfordert
ihre heldentaten mit zahnstochern in marmor zu kratzen

146. es ist kein zeichen guter erziehung
fragen nicht zu beantworten die nicht gestellt wurden
wohl aber sich die fragen passend zu den antworten auszusuchen

147. der tag neigt sich bereits so sehr
dass die erfahreneren unter den fachkræften
ihm nur auf allen vieren begegnen

148. auszug aus dem beipackzettel des pinkfarbenen hustensaftes:
sich aus langeweile zu paaren
ist allemal besser als arbeiten zu gehen

149. beim sprung in die glitzernden fluten
der umliegenden bevœlkerung zuzuwinken
wird niemals die wirkung verfehlen

150. wer auf alles vorbereitet sein will
sollte sich erst gar nicht gebæren lassen
(klingt es gurgelnd aus dem abfluss)

ende

hundert weitere kunstwerke (2009)
gerhard ruehm zu ehren

I

die kunst nicht zu merken wie schlecht es einem geht
die kunst anderen die schuld zu geben & dabei ueberzeugend zu wirken
die kunst nicht mehr zu wissen wovor man noch alles angst haben soll
die kunst beim aussprechen der wahrheit ernst zu bleiben
die kunst weitblickend seine sichtweisen zu andern
die kunst œfter mal seine familie zu wechseln
die kunst nicht zu wissen wovon man spricht das aber ganz genau
die kunst ins gras zu beißen ohne sich den appetit zu verderben
die kunst sich jeglicher wertschœpfung zu verweigern
die kunst sich um einen hohen preis fuer dumm verkaufen zu lassen

II

die kunst nur kinder zu kriegen fuer die man auch sorgen kann
die kunst nicht auf kosten anderer zu leben
die kunst nicht auf eigene kosten zu leben
die kunst ganz aufzuhœren zu leben
die kunst mal eben weg zu sein & dann wiederzukommen
die kunst sich nicht erniedrigen zu lassen
die kunst andere nicht zu erniedrigen
die kunst nicht zu glauben dass geld gluecklich macht
die kunst nicht zu glauben dass armut nicht genauso gluecklich macht
die kunst trotz aller verlockungen selbst zu denken

III

die kunst in deutschland humor zu haben
die kunst in deutschland humor zu brauchen
die kunst mit seiner arbeit nicht andere reich zu machen
die kunst selbst reich zu werden (auch durch arbeit)
die kunst sich eine meinung leisten zu kœnnen
die kunst keine meinung haben zu muessen
die kunst schon vor dem 30. lebensjahr erwachsen zu werden
die kunst an applaus fuer erfolgreichen stuhlgang gewœhnt zu sein
die kunst nicht zu glauben was man hœrt
die kunst nicht zu glauben was man glaubt

IV

die kunst seine mitmenschen nicht mit seinen meinungen zu belæstigen
die kunst seine mitmenschen nicht mit seinen wuenschen zu belæstigen
die kunst seine mitmenschen nicht mit seinen fragen zu belæstigen
die kunst seine mitmenschen nicht mit seinem aussehen zu belæstigen
die kunst seine mitmenschen nicht mit seinen geruechen zu belæstigen
die kunst seine mitmenschen nicht mit seinen trieben zu belæstigen
die kunst zu verdrængen dass man etwas verdrængt hat
die kunst den arsch offen zu haben & sich ueber durchzug zu wundern
die kunst sich fuer den weg in den himmel eine lange leiter zu besorgen
die kunst sich gehœr zu verschaffen & dann bilder zu zeigen

V

die kunst frische unterwæsche auf sauberer haut zu tragen
die kunst aus artgerechter haltung zu stammen
die kunst seine eltern um rueckwirkende abtreibung zu bitten
die kunst den geburtstag wegen des schlechten wetters in den sommer zu verlegen
die kunst den geburtsort wegen der hæsslichen gegend in den sueden zu verlegen
die kunst in ein selbstgespræch vertieft zu sein
die kunst sich fuer einen versager zu halten aber auch das nicht richtig hinzukriegen
die kunst ein leben lang gepflegt selbstmord zu begehen
die kunst ganz aus versehen luxus anzuhaufen
die kunst in luftschlœssern luftspruenge zu machen

VI

die kunst 5 gerade sein zu lassen obwohl man nur 4 hat
die kunst zwischen arbeit & geldverdienen zu unterscheiden
die kunst sich nicht alles erzæhlen zu lassen
die kunst mit dem finger im arsch bequem zu sitzen
die kunst pferde lustvoll von hinten aufzuzæumen
die kunst huebsche liedchen auf dem letzten loch zu pfeifen
die kunst hæsslich zu sein & dies fuer charakter zu halten
die kunst fuer eine große idee zu sterben
die kunst fuer eine noch grœßere idee zu leben
die kunst den großen ideen zu misstrauen

VII

die kunst aus dem klo zu trinken ohne den deckel auf den kopf zu kriegen
die kunst auf irrwegen eine abkuerzung zu wæhlen
die kunst dauerhaft abkœmmlich zu sein
die kunst seiner versicherung wirklich alles erklæren zu kœnnen
die kunst seine zukunft im rueckspiegel zu sehen
die kunst sich eine rollkragenhose aus stacheldraht zu stricken
die kunst in den urlaub zu fahren & nicht mehr wiederzukommen
die kunst eigenheime aus feinkœrnigem sand zu bauen
die kunst den tag in 25 stunden einzuteilen
die kunst mit ideen schwanger zu gehen & stændig fehlgeburten zu haben

VIII

die kunst nicht vor begeisterung krank zu werden
die kunst dauergeil zu sein & sich dabei nicht zu langweilen
die kunst großzuegig ueber die allgemeine lage hinwegzusehen
die kunst vielsagend zu schweigen
die kunst aus dem maul & dem arsch gleichzeitig zu stinken
die kunst mit vollem mund ueber das essen zu reden
die kunst klug dreinzuschauen wæhrend sich das gehirn langsam leert
die kunst regelmæßige selbstbefriedigung im lebenslauf zu erwahnen
die kunst sich im spiegel dabei zuzusehen wie einem ein 2. kopf wæchst
die kunst bei einem netten gespræch eine volle kaffeetasse auf der nase zu balancieren
          aber nur 2 stueck zucker zu nehmen

IX

die kunst seine mitmenschen ernst zu nehmen
die kunst seine mitmenschen nicht mehr ernst zu nehmen
die kunst dreck zu fressen & dabei den koch zu loben
die kunst so laut zu reden dass man sein eigenes wort nicht versteht
die kunst die finger aus den ohren zu nehmen & damit auf andere zu zeigen
die kunst am tag seines lottogewinns an krebs zu sterben
die kunst sich auch mal was zu gœnnen
die kunst die eigene wirklichkeit nicht mit fremden wirklichkeiten zu verwechseln
die kunst seine eigenen geheimnisse nicht zu erfahren
die kunst eine gute flasche whisky zu sehen ohne zu sabbern

X

die kunst nein zu sagen
die kunst nicht ja zu sagen
die kunst stændig stimmen zu hœren aber nichts zu verstehen
die kunst sich nicht fuer seine verwandtschaft zu schæmen
die kunst nicht so zu werden wie seine eltern
die kunst geschlechtsverkehr ohne verkehrsschilder zu haben
die kunst geschlechtsverkehr mit verkehrsschildern zu haben
die kunst sich an den kleinen unterschieden zu erfreuen
die kunst die deutsche sprache zu beherrschen
die kunst wenigstens irgendeine sprache zu beherrschen

gebrauchsanleitung (2005)

brot trocknet nicht so schnell aus wenn wir es in einem eimer wasser aufbewahren
rhabarberkuchen schmeckt besser wenn man statt rhabarber erdbeeren nimmt
vermeiden sie das betanken ihres fahrzeuges in der nahe von großbrænden
tanken wird erheblich billiger wenn wir den tank nicht ganz vollmachen
der puerierstab eignet sich nicht zum reinigen verstopfter abfluesse

rasierwasser ist auch in notlagen nicht zum einnehmen geeignet
salz klumpt nicht mehr wenn wir es in etwas wasser auflœsen
schrauben niemals mit der rohrzange in die wand schlagen
das bratenthermometer nicht zum fiebermessen nutzen
angelhaken niemals in kœrperœffnungen einfuehren

mitfahrt außerhalb der aufzugskabine ist verboten
hunde nur werktags in der mikrowelle trocknen
der wirkstoff ist fuer haustiere zugelassen
mit der hose gehst du nicht mehr raus
einæschern ist in polen viel billiger

butter ist gut fuer die augen
blasen kostet extra
kein durchgang
weg da
pfui

hundert neuere kunstwerke (2019)
gerhard ruehm zu ehren

I

die kunst den abseitsfallen des lebens auszuweichen
die kunst eher blinden augenzeugen als tauben ohrenzeugen zu glauben
die kunst jemandem den stammbaum zu fællen
die kunst sich nicht selbst aus den augen zu verlieren
die kunst sich von schamhaar & schamgefuehl zu trennen
die kunst sich selbst ein denkmal zu setzen
die kunst in seiner freizeit ueberstunden anzusammeln
die kunst mit leerem beutel große spruenge zu machen
die kunst den anschließenden aufprall gut abzufedern
die kunst die ruhe zu bewahren

II

die kunst einem nackten mann in die tasche zu fassen
die kunst einer nackten frau in die *** zu fassen
die kunst seinen næchsten zu lieben wie sich selbst
die kunst seine rechnungen zu begleichen
die kunst so viel zu trinken wie nœtig
die kunst bei bedarf flach zu atmen
die kunst dafuer zu sitzen dass man einst gestanden hat
die kunst dazu zu stehen dass man einst gesessen hat
die kunst die kunst leicht & das leben schwer zu nehmen
die kunst die kunst schwer & das leben leicht zu nehmen

III

die kunst auf dem weg zur menschwerdung eine umleitung zu nehmen
die kunst frischauf ans werk zu gehen
die kunst trotz pflanzlicher kost knochen zu kotzen
die kunst im dunkeln zu leuchten
die kunst billige pointen teuer abzusetzen
die kunst sich nicht von seinem alko-rhythmus steuern zu lassen
die kunst sich zu einer uebersichtlichen begabung zu bekennen
die kunst sich im hintergrund fortzupflanzen
die kunst sich hinterher die hænde zu waschen
die kunst auch mal loslassen zu kœnnen

IV

die kunst im dunkeln keine angst zu haben
die kunst im dunkeln den anderen angst zu machen
die kunst sich durch seine berufslaufbahn zu schnorren
die kunst sich selbst auf der falschen seite zu ueberholen
die kunst einen blick in den hormonspiegel zu werfen
die kunst wachsam zu bleiben
die kunst auch bei schlechtem wetter ehrlich zu sein
die kunst rueckwærts zu zæhlen
die kunst rueckwærts zu laufen
die kunst rueckwærts zu denken

V

die kunst die erderwærmung mit gefuehlskælte zu bekæmpfen
die kunst sich aus steuerlichen gruenden fuer tot zu erklæren
die kunst am ende des tages nur noch die nacht vor sich zu haben
die kunst bei nacht & nebel mit kind & kegel unterwegs zu sein
die kunst euch arschlœcher zu ertragen
die kunst im hamsterrad spazieren zu gehen
die kunst sich bei gegenwind nicht selbst anzupissen
die kunst seinen unterhaltungswert zu erhœhen
die kunst sich seinen lebenswandel leisten zu kœnnen
die kunst abends kein schlechteres gewissen zu haben als morgens

VI

die kunst ueber sich selbst lachen zu kœnnen
die kunst nur die pruegel zu bekommen die man verdient
die kunst sich verfolgt zu fuehlen wenn es sinnvoll ist
die kunst bis 3 zu zæhlen (oder auch mal bis ½ 4)
die kunst den beipackzettel zu verstehen
die kunst den gegner jederzeit aufzuspueren & wirksam zu bekæmpfen
die kunst die wahl der mittel zu haben
die kunst gut auszusehen um sich arbeit zu ersparen
die kunst immer fuer dich da zu sein
die kunst nur dein bestes zu wollen (& auch zu bekommen)

VII

die kunst stehen zu bleiben wenn die anderen umfallen
die kunst heutzutage mit bildung geld zu verdienen
die kunst sich immer wieder mal an den kopf zu fassen
die kunst sich seine fehler aussuchen zu kœnnen
die kunst sich nur von der besten seite zu zeigen
die kunst reim auf reim zu hæufen
die kunst sich hinter sich selbst zu verstecken
die kunst an die marktwirtschaft zu glauben
die kunst an irgendeine wirtschaft zu glauben
die kunst hinterher zu spuelen

VIII

die kunst gezielt am leben vorbeizuleben
die kunst klavier zu spielen
die kunst das klavierspielen zu ertragen
die kunst zwischen den zeilen zu lesen
die kunst seine bettwæsche auf kante zu falten
die kunst sich nicht davor zu ekeln was man im bett findet
die kunst das eckige rundzuschleifen
die kunst aus erfahrungen zu lernen die man gar nicht gemacht hat
die kunst eine gute suppe zuzubereiten
die kunst die suppe selbst auszulœffeln

IX

die kunst die eigene rolle von jemand anderem spielen zu lassen
die kunst sich beizeiten entspannt hochzuschlafen
die kunst ein leben lang nach dem sinn des lebens zu suchen
die kunst sich mit dem großen zeh im ohr zu kratzen
die kunst auf seine mittelmæßigkeit stolz zu sein
die kunst dumm aus der reizwæsche zu gucken
die kunst sich die eier zu schaukeln
die kunst so zu tun als ob man daran glaubt
die kunst auf hohem niveau murks zu liefern
die kunst sich dumm zu stellen

X

die kunst blæhungen als meinungsæußerungen gelten zu lassen
die kunst beruehmt werden zu muessen weil man nichts richtiges gelernt hat
die kunst konzerte fuer arschgeigen & flachpfeifen aufzufuehren
die kunst zu erkennen wann alles zu spæt ist
die kunst flotten schrittes auf dem zahnfleisch zu gehen
die kunst laut zu schweigen
die kunst sich auszusuchen was man vergisst
die kunst kunst als kunst zu erkennen
die kunst kunst zu leben
die kunst mensch zu sein

chorgesang (2009)

lasset uns singen
der regen perlt
lasset uns singen
tropfen fuer tropfen durchtrænkt uns
lasset uns singen
wir lœsen uns auf
lasset uns singen
unser fleisch fließt hernieder
lasset uns singen
wir schwinden schnell & schneller
lasset uns singen
wir fließen fort
lasset uns singen
frohe lieder verklingen im feuchten dunst

landschaft (2013)

ostfriesland: brandenburg:
kommt die flut   ja
hat das waten ein ende   warum eigentlich nicht

ueber das teure einholen eines guten rates (2009)
oder: 60 drængende fragen in zeiten der krise

1. wie gut ist ein eingeholter rat verteuerbar?
2. wie gut ist die einholung eines rates zu verteuern?
3. wie gut einholbar sind teure berater?
4. wie gut ist der eingeholte teure rat?
5. wer verguetet uns die einholung eines teuren rates?
6. wie beguetert muessen die einholer teuren rates sein?
7. wie gut kœnnen wir rat einholen bevor er zu teuer wird?
8. was ist denn gut an der beratung teurer einholer?
9. was wenn der gute rat zu teuer ist um noch eingeholt zu werden?
10. welcher gute rat verteuert sich beim einholen?

11. wie gut ist der rat der uns teuer einholt?
12. warum wird der gute rat so teuer wenn wir ihn einholen?
13. wie gut ist es sich von ratsamer verteuerung einholen zu lassen?
14. wie kœnnen begueterte berater teuer eingeholt werden?
15. wie verguetet man uns das teure einholen von rat?
16. wann ist ein gutes verteuern der einholung ratsam?
17. was ist guetiger als die teure einholung eines rates?
18. wie gut kœnnen wir ueberteuerten rat einholen?
19. wie gut ist teurer rat noch einholbar?
20. wann wird uns die guete teuren rates einholen?

21. wie gut ist es teuren rat einzuholen?
22. wie wird sich die einholung von gutem rat noch verteuern?
23. wie einholbar ist guter rat der nicht teuer sein darf?
24. wann ist die einholung von guetern trotz verteuerung ratsam?
25. wie kann die einholung ratsam aber guetig verteuert werden?
26. was ist dem einholenden zu raten wenn alles teure gut werden soll?
27. wie einholbar ist die ratsame verteuerung von guete?
28. wer kann uns beim einholen teurer gueter beraten?
29. wer kann uns bei der uns einholenden teuren verguetung beraten?
30. wie ist die einholung von teurem rat zu vergueten?

31. was kann sich bei geratener guete der einholung verteuern?
32. wann ist es ratsam gutes teuer einzuholen?
33. wann ist die ratsamkeit von guete nur noch teuer einholbar?
34. wie wird sich das beraten von eingeholtem gut verteuern?
35. wer will schon rat einholen der weder gut noch teuer ist?

36. wie ratsam ist das einholen teurer gueter?
37. welche berater werden uns mit ihren teuren guetern einholen?
38. wo sind denn ratsame teure gueter einholbar?
39. was wenn der rat zu teuer ist fuer die einholende guete?
40. wer kann eine beratung ueber teure gueter einholen?

41. welche berater sind nur teuer mit guete einzuholen?
42. wie sind berater von teuren einholern zu vergueten?
43. was verteuert die guete der eingeholten beratung?
44. wie teuer ist die guete die nicht mehr von rat eingeholt werden kann?
45. wie teuer kœnnen wir guten rat einholen?
46. wie verteuert sich guter rat beim einholen?
47. wann werden wir von unseren teuren aber guten beratern eingeholt?
48. wie teuer ist es begueterte ratgeber einzuholen?
49. was ist bei der verteuerung von gutem rat noch einholbar?
50. wer kann den sich verteuernden guten rat einholen?

51. wie teuer ist das einholen eines guten rates?
52. welche verteuerung wird uns einholen wenn wir guten rat haben?
53. wann ist die verteuerung eingeholter gueter ratsam?
54. welche verteuerung einholbaren rates ist noch gut?
55. wann werden uns teure berater unserer gueter wegen einholen?
56. wann werden uns teure beratungen in all ihrer guete einholen?
57. warum sind wir zu teuer beraten wenn wir von guete eingeholt werden?
58. welche verteuerung ist ratsam um die gueter noch einzuholen?
59. wie guetig ist eingeholter aber zu teurer rat?
60. wie teuer wird die guete des eingeholten rates?

neulich næmlich (2009)

so entspannt
fast schwebend
am tresen geankert
nur durch das bierglas
meine blicke schweifen
auch zu der kleinen blonden
jetzt sie wirft ein auge auf mich
mit einem lauten klatschen trifft es die wand knapp ueber meiner linken schulter

zahlen bitte es ist schon spæt

montag (2007)
gerhard ruehm zu ehren

immer wieder montag
1/7 des lebens verbringt man an montagen
sich einen schœnen montag machen
jeden montag feiern als wenns der letzte wære

es ist noch frueh am montag
man soll den montag nicht vor dem abend loben
mein kumpel ist auf montage
sieht aus wie montag schmeckt wie donnerstag

letzten montag
diesen montag
næchsten montag
jeden verdammten montag

es ist montag
es kann nur einen montag geben
mit dem montag fængt alles an
mach mir den montag

er/sie/es ist ein montagskind
was kann der montag denn dafuer dass er so schœn ist
montag wem montag gebuehrt
montag wohin man blickt

lass es montag werden
ein montagsauto kaufen
die stellung des montags zwischen sonntag & dienstag
die sonne bringt es an den montag

von einem montag zum anderen
keinen montag auslassen
die nacht zum montag machen
der montag zieht herauf

ein richtig schœener montag
guten montag
ostermontag oder pfingstmontag
der montag neigt sich

blauer montag
montæglich
feiermontag
jeden montag neu!

montags geschlossen
der chef ist zur montagung
bei uns ist immer montag
keine woche ohne montag

fuer mich ist heute montag
montags ist hier nie was los
jeden montag einen montag einlegen
wessen montag ist das hier?

das wort zum montag
den passenden montag aussuchen
montague & capulet
mir grauts vor montag

hektik (2021)

beim beeilen
soll man sich zeit lassen
dann kann man die beschleunigung
længer genießen

zum nachdenken (2019)

die zahl seiner finger
kann man
sich an
den fingern abzæhlen

weltenlauf (2020)

beschædigte menschen schaffen beschædigte werke
beschædigte werke schaffen beschædigte menschen
beschædigte menschen schaffen beschædigte menschen

wohl denen die ihr geld heute
mit dem beheben
von schæden verdienen

wissenschaftliche forschungsergebnisse (2009)

wenn man aus der sonne rausgeht wirds ganz schœn frisch
wenn man schnaps trinkt wird die flasche leer
wenn man schreit wird man heiser
wenn man wæhlen geht wird man verarscht
wenn man spinat isst wird man magnetisch
wenn man zu dicht rangeht wird man kurzsichtig
wenn man wegguckt wird man aufgefordert
wenn man fernsieht wird man dumm
wenn man sich in den finger schneidet wird man bluten
wenn man das licht ausmacht wird man dunkel

rueckkopplung (2009)

so denken wie man fuehlt
so sagen wie man denkt
so machen wie man sagt
so aussehen wie man macht
so stinken wie man aussieht
so fuehlen wie man stinkt usw usf

begruendung (2009)

1. durchfuehrungserheblichkeit
2. bestrebungsnotwendigkeit
3. sachstandsdienlichkeit
4. erhaltungszwangslæufigkeit
5. rechtslage
6. das muss so

palindrome (2009)

1a) rentner
1b) annasusanna
1c) reliefpfeiler

2a) 11011 deutscher bundestag
2b) 56065 verwaltungsgericht koblenz
2c) 99099 erfurt

3a) ohnmæchtig werden & wieder zu sich kommen
3b) abends mit scheißlaune zur alten ins bett & morgens mit scheißlaune wieder raus
3c) es der alten regelmæßig von vorn & von hinten besorgen

entfremdung (2020)

dann war da noch
die geschichte
von dem mann
der sich so fremd geworden war
dass er nicht nur
sein spiegelbild grueßte
sondern sich nicht einmal selbst erkannte
wenn er sich
auf der straße begegnete

frage (2018)

erkennst
du den sinn deines lebens?

erkennst du
den sinn deines lebens?

erkennst du den
sinn deines lebens?

erkennst du den sinn
deines lebens?

erkennst du den sinn deines
lebens?

erkennst du den sinn deines lebens?

50 vergoldete regeln (2020)

1. du sollst dich an deinen namen nur erinnern wenn es sich fuer dich lohnt
2. du sollst dir deine nægel passend zum hammer aussuchen
3. du sollst beim geschlechtsverkehr
                    ein mindestmaß an volksverbundenheit wahren
4. du sollst ein tier tœten bevor du es zubereitest
5. du sollst fragen nach dem sinn des lebens
                    in der jeweiligen landessprache beantworten
6. du sollst an feiertagen laut & deutlich sprechen
7. du sollst nur dort schwimmen wo wasser ist
8. du sollst zu wochenbeginn alle kœrperœffnungen gruendlich reinigen
9. du sollst es nicht zu ernst nehmen wenn du ernst genommen wirst
10. du sollst danach immer gut lueften

11. du sollst dich geschmeidig bewegen
12. du sollst die wunden stellen mit kamilleaufguss betupfen
13. du sollst deine ausscheidungen als deinen beitrag
                    zur lage der welt erachten
14. du sollst dich nicht von deinem gehirn am denken hindern lassen
15. du sollst deine triebe zur marktreife entwickeln
16. du sollst bei bedarf mit deinem kœrpergeruch punkten
17. du sollst die kreuzchen immer in den richtigen kæstchen machen
18. du sollst dein haupt næchtens auf ein dinkelkissen betten
19. du sollst im zweifelsfall deine entscheidungen auslosen
20. du sollst dir vorher & hinterher & zwischendurch die hænde waschen

21. du sollst in das zeitalter entspannter erregung eintreten
22. du sollst nur pelze von tieren tragen die einst selbst pelze getragen haben
23. du sollst immer aufwischen was du verkleckert hast
24. du sollst dich nicht von deinen mitmenschen ablenken lassen
25. du sollst nicht mit tueren ins haus fallen die sich nach außen œffnen
26. du sollst dich nur als allerletztes mittel entblœßen
27. du sollst keine herbstfarben tragen
28. du sollst dich schon zur begrueßung verabschieden um zeit zu sparen
29. du sollst auch im versagen meisterschaft erringen
30. du sollst dir beim reden zuhœren

31. du sollst nicht auf die bahn warten wo keine schienen verlegt wurden
32. du sollst deinen tee nicht zu lange ziehen lassen
33. du sollst sparsam mit großbuchstaben umgehen
34. du sollst dem staat mehr lebensfreude abfordern
35. du sollst statt einer meinung lieber eine gesunde verdauung haben
36. du sollst an nichts glauben was in kleinen schachteln geliefert wird
37. du sollst œfter mal ein gedicht auswendig lernen
38. du sollst die rolle der bedeutung angemessen wuerdigen
39. du sollst "guten tag" nicht mit "die rechnung bitte" beantworten
40. du sollst mit deinen fehlern geld verdienen

41. du sollst einen montag auf jeden sonntag folgen lassen
42. du sollst von allein merken wenn du dich nicht mehr ertragen kannst
43. du sollst in deinem lebenslauf friedrich den großen erwæhnen
44. du sollst nicht auf teure teppiche kotzen
45. du sollst dich gegen die wirkungen deines erbgutes versichern
46. du sollst niemandem dabei helfen dich umzubringen
47. du sollst horchen ob auf ein "bing" ein "bong" folgt
48. du sollst dir einen warmen schal umbinden
49. du sollst die lichtverhæltnisse auf dein aussehen abstimmen - oder umgekehrt
50. du sollst die ruhe bewahren

kinderlied (2009)

kindes bein im scherenschnitt
kindes wohl ist nicht allein
kindes spiel bestimmt es mit
kindes licht wird hier nicht sein

wille wolle mama wulle

kindes statt begehrt man nicht
kindes haus ist uebervoll
kindes lied man heut erbricht
kindes leuchten ueben soll

wille wolle papa wulle

fragebogen (2007)
zutreffendes mehrfach unterstreichen

name? ja/nein
gebuertig? ja/nein
wohnhaft? ja/nein
vorstrafen? ja/nein
kinder? ja/nein
beruf? ja/nein
vermœgen? ja/nein
beziehung? ja/nein
sex? ja/nein
freunde? ja/nein
træume? ja/nein
hoffnung? ja/nein

111 (2020)

das boierlain mit seinem hoibchen ging noilich koichend
(froide in den oiglain) nach dem glockenloiten
in die geroimige foichte schoine hinter den stroichern
(ein fischer wuerde zu den roisen an der schloise gehen
oder auf einem kroizfahrtschiff anhoiern: ahoi)
& foidelte die broinlichen stoibchen
von schroibchen & ploielstange des treckers
trennte im soiselnden wind die sproi vom weizen
& begann schloinigst die schoien moise zu melken
damit sie nicht zur boite der oilen werden
so sind die hoitigen sitten & gebroiche
weil er aber in der bloilichen beloichtung die schloiche nicht an die oiter kriegte
schoichte er die roidigen goile & die loifigen soie um soilen & gemoier
erlegte toibchen mit der koile um sie auf dem foier zu broinen & zu roichern
(dieses schoisal frisst was kroicht & floicht sogar khoi-karpfen: es ist zum hoilen)
1 schoifelchen proißischen senf & kroiter & 1 hoifchen salz
wo ist der salzstroier?
schoimt & schmeckt soierlich & liegt schwer im boichlein (boierchen)
darm kroiselt sich schoißlich: erst mal poischen
geroischvoll oikalyptos-gebroi aus dem allgoi trinken
liebe loite lasst oich nicht toischen
er will nur 1 geloiterten gloibigen doitschen broitigam
fuer seine troien wiederkoienden soigetiere
noch mal ganz doitlich:
keine moichelmoerder & keine moite mit loisen & boilensoiche
im hoi schoißlich dummes zoig zu troimen statt moiler zu stopfen
wird toier & das bedoitet etwas
zum toifel muss man das so hoifig erloitern?
stoierzahler ziehen mit dem letzten oiro im boitel
ohne roie um die hoiser (im wald da sind die roiber)
statt einkoife zu machen o groiel
kummer ersoifen ist nichts noies
wir soimigen hoichler sind halt beschoiert
toitoitoi ihr oimel (verboigung)

revolution (2017)

revolution findet kurz vor den sommerferien statt
aber nur wenn sie auf die rente angerechnet wird
& es nicht regnet
sie darf nicht zu lange dauern
denn der urlaub ist schon gebucht

die bonzen werden eingebuchtet
die gutmenschen werden erschlagen
oder umgekehrt
jegliche wirbeltiere werden zu nahrungsmitteln ernannt

die tochter vom nachbarn wird rangenommen
musste mal sein
die ist doch schon 16

dann werden die leichen verscharrt
oder in den keller gebracht & schœngeredet
hoffen wir dass es die richtigen erwischt hat

dann holen wir bier
& trinken bier
& holen mehr bier
& trinken mehr bier

dann fuehlen wir uns scheiße
& wissen
dass frueher irgendwie doch alles besser war
& schon bald
fahren wir wieder puenktlich um ½ 7 zur arbeit

dichten (2017)

dichten ist wie durchfall
eine zeitlang kann man es drinbehalten
man darf nur nicht husten
aber dann kommt es heftig & fluessig

2030 (2017)

2030 gibt es 8 milliarden menschen (davon 1% in deutschland)
2030 gehen die kuehlschrænke selbst einkaufen
2030 fahren die autos von selbst
2030 verblœden wir ganz von selbst
2030 werden tæglich neue einmannverschwœrungen aufgedeckt

2030 gilt essen als fetisch
2030 wird bildung in €/m³·kg gemessen
2030 darf das wort mædchen nicht mehr benutzt werden
2030 sitzen im bundestag 1.500 abgeordnete aus 100 parteien
2030 gibt es 7 amtlich anerkannte geschlechter
               davon stehen 2 unter artenschutz & 2 ficken sich selber

2030 haben mauern & zæune aus sicherheitsgruenden keine rueckseite
2030 wird das bewusstsein monatlich kostenpflichtig neu aufgespielt
2030 muss urlaub von der freizeit beantragt werden um arbeiten zu duerfen
2030 besteht die deutsche bevœlkerung aus knapp 300.000 randgruppen
2030 gelten grabstætten als eigenheime

2030 muessen wir papierpfand bezahlen
2030 macht GOTT hausbesuche
2030 gehen die stones auf ihre letzte tour
2030 gibt es apfelsinen aus brandenburg
2030 haben alle hæuser in deutschland eine meterdicke dæmmung
               damit man die schreie nicht hœrt

2030 habe ich eine kamera in meinem kaffee
2030 macht es œfter mal ping
2030 wische ich mir den arsch mit solarenergie
2030 kostet ein brot 10€
2030 ist bald

---

wunschangst (2021)

ich hoff dass unsre heile welt
noch eine ganze weile hælt

der synæsthet (2021)

er hœrt am geruch
wie hell es ist

gebet (2009)

GOTT du mein GOTT
sei nicht mein GOTT sei unser GOTT
dein name sei geheiligt dein werk sei gebilligt
bring den himmel zur erde
auf dass wir hier den himmel auf erden haben
sei unser GOTT so gut du nur kannst

bring uns erlœsung & unser tæglich brot
        auf dass wir nicht abhængig werden
        auf dass wir nicht gefuegig werden
        auf dass wir nicht glauben was man uns sagt
        auf dass wir kraft finden unseren weg zu gehen
bewahre uns vor dem allerletzten irrtum

befreie uns von unseren fehlern
befreie uns vor allem von den fehlern der anderen
        lass uns erkennen was gut & richtig ist
        lass uns erkennen was schlecht & falsch ist
gib uns die weisheit all dies zu unterscheiden
gib uns die weisheit zu erkennen was mit uns geschieht

gib uns die kraft zu glauben oder auch nicht zu glauben
gib uns die kraft zum widerstand
        gegen alle die sich an uns bereichern
        gegen alle die uns erniedrigen
gib uns die kraft uns zu wehren
gib uns die kraft schuld zu erkennen

gib uns die kraft nicht selbst schuldig zu werden
& vergib uns unsere schuld
& vergib denen die an uns schuldig werden (mach es fuer uns)
gib uns die einsicht uns nicht vor allem schuetzen zu kœnnen
schuetze uns wenn wir es nicht vermœgen
sei unser GOTT so gut du nur kannst

die 50 arten von stille (2020)

stille die entsteht wenn niemand mehr damit gerechnet hat
stille die entsteht wenn wir gelernt haben wegzuhœren
stille die entsteht wenn wir merken was wir getan haben
stille die entsteht wenn wir vergessen haben was wir sagen wollten
stille die entsteht wenn wir gesagt haben was wir vergessen wollten
stille die entsteht wenn wir erkennen dass worte nichts mehr bringen
stille die entsteht wenn der raum schallgedæmmt ist
stille die entsteht wenn der strom ausfællt & das benzin alle ist
stille die entsteht wenn unser schweigen bezahlt wird
stille die entsteht wenn die arbeit beginnt

stille die entsteht wenn den sklaven die zungen herausgeschnitten werden
stille die entsteht wenn nachtruhe befohlen wird
stille die entsteht wenn sich alle vor angst eingeschissen haben
stille die entsteht wenn alle taub & stumm & blœd sind
stille die entsteht wenn wir uns vor langeweile langweilen
stille die entsteht wenn die feuerwehr mit der arbeit fertig ist
stille die entsteht wenn die geschæfte schließen
stille die entsteht wenn alle glauben dass ihre kleine welt sicher ist
stille die entsteht wenn das gehirn abgestorben ist
stille die entsteht wenn es zu laut ist um zu sprechen

stille die entsteht wenn wir vergessen haben dass wir uns aufregen wollten
stille die entsteht wenn wir in uns hineinhorchen
stille die entsteht wenn das gewitter heraufzieht
stille die entsteht wenn eine bitte geæußert wird
stille die entsteht wenn alle kopfhœrer tragen
stille die entsteht wenn alle den mund voll haben
stille die entsteht wenn uns nichts mehr einfællt
stille die entsteht wenn der applaus vorbei ist
stille die entsteht wenn wir dringend pissen muessen
stille die entsteht wenn vernunft einkehrt

stille die entsteht wenn alle weg sind
stille die entsteht wenn die luft knapp wird
stille die entsteht wenn die flasche leer ist
stille die entsteht wenn der letzte zug abgefahren ist
stille die entsteht wenn alle eingeschlafen sind

stille die entsteht wenn ich allein bin
stille die entsteht wenn es peinlich wird
stille die entsteht wenn alle staunen
stille die entsteht wenn wir die rechnung kriegen
stille die entsteht wenn wir unserer inneren stimme antworten

stille die entsteht wenn der schmerz nachlæsst
stille die entsteht wenn du nackt bist
stille die entsteht wenn die tuer sich schließt
stille die entsteht wenn die truemmer nicht mehr brennen
stille die entsteht wenn ein strich darunter gezogen wird
stille die entsteht wenn es dunkel wird
stille die entsteht wenn alles gesagt ist
stille die entsteht wenn man es will
stille die entsteht wenn alle tot sind
stille die entsteht wenn wir es hinter uns haben

gesundheit! (2009)

altersversorgung: setz deinen alten vor die glotze
kasten bier daneben
schon ist der alte versorgt

blutspende: hier fehlt noch geld
also spenden bis blut kommt

krankenkasse: siehst du die kranken?
die wolln wir mal zur kasse bitten

vorbeugung: wird dir schlecht
beug dir mal lieber vor

vorsorge:
jawoll

zahnersatz: fuer den zahn
der dir aus dem maul fællt
gibts hier kein ersatz mehr

ruhm (2009)

mein name in leuchtschrift
mein werk als gesamtausgabe
mein bild in der galerie
mein nachruf im kulturteil
nach meinem tod dann ein schild
an dem haus in dem ich so lange wohnte
darauf in großer schrift:
wohnung zu vermieten

tagwerk (2009)

aufsetzen
sitzen (= gelegen haben)

aufstehen
stehen (= gesessen haben)

hinsetzen
sitzen (= gestanden haben)

sich wieder hinlegen
so das reicht fuer heute

nur mal gucken (2009)

mal reingehen
sich umsehen
kopf schuetteln
wieder rausgehen

stadt (2020)

es reicht mir schon
mir frueh einen weg zu bahnen durch die

andersdenkenden
anderswohnenden
andersriechenden
andersglaubenden
andersaussehenden
andersbegabten
andersfickenden
anderslaufenden
andersgebildeten
andersgeborenen
andersgeschlechtigen
anderstanzenden
andersessenden
anderssprechenden
anderssitzenden

dabei war das nur der weg zum laden an der ecke
nachher muss ich noch mal zur post

perspektive (2020)

die frage
was passiert morgen?
macht menschen angst

wogegen die frage
was passiert gestern?
vœllig neue welten erœffnet

huhu (2020)

humor: 100 hustende huren
(humbug)
humor: hurvinek (& spejbl)
humpelnde husaren? hufræude!
(huppe huppe reiter)

husch husch huhn
hungrige hunde!
huflattich huldigt humus
humanismus: hudelei
hummel hummel (mors mors)

hula hula (huckepack)
huch! hupe?
hurtig! hubraum?
hut hui ...
hurz!

ehre wem ehre gebuehrt (2011)

der 2. ueberholt den 1.
immer & immer wieder
& der 3. den 2.
bis man nicht mehr weiß
wer der 1. & der 2. & der 3.

lockerzæhnig albernd im morgendunst
gar liederlich watend im sonderangebot
fuehren wir unseren inneren neger spazieren

blau blau blau blueht
a) der enzian
b) das meeresrauschen
c) die wandfarbe

warte nur balde
bluehest du auch

notwendig (2007)
gespræch in der rostocker straßenbahn

mein tanzstundenpartner hatte vor jahren einen lilafarbenen pudel
leider mussten wir ihn erschießen: versteht ihr das?
denn wegen seiner farbe man ihn nachts
in der rotphase der ampel nicht gesehen
deshalb mussten wir ihn erschießen: versteht ihr das?
er flehte um sein leben
wir haben ihm erlaubt seine sonnenbrille abzunehmen
aber es musste sein: versteht ihr das?
er war auch wirklich immer so lichtempfindlich
dann fuehrten wir ihn hinter die wæscherei
wir haben ihn erschossen
weil das schneller geht: versteht ihr das?
mit zweifach gedæmpftem querschrot
ihr kœnnt die stelle heute noch leicht finden
er ist nicht sehr tief begraben wegen den umweltschutz
die pudelmuetze guckt noch oben raus

der trommler (2007)

du oller trommler du

du schlægst die große trommel
schlægst sie
schlægst & schlægst & schlægst
immer schlægst du die große trommel

du oller trommler du

du schlægst sie am montag
du schlægst sie am dienstag
du schlægst sie am mittwoch
du schlægst sie am donnerstag
du schlægst sie am freitag
du schlægst sie am sonnabend

nur am sonntag schlægst du sie nicht
da steht sie in der ecke

du oller trommler du

du schlægst die große trommel
ich sitze neben dir
laut & laut & laut
mein ohr schwillt so groß wie deine trommel

du oller trommler du

muss ich dich erst schlagen
damit du ruhe gibst
schlagen & schlagen & schlagen
versteh mich doch

du oller trommler du

schreittanz (2015)

eins zwei
wechselschritt
eins zwei
wechselschritt

rechts von dir ein harter mensch
links von dir ein zarter mensch
vorneweg ein schneller mensch
hintenan ein heller mensch

eins zwei
wechselschritt
eins zwei
wechselschritt

rechts von uns ein leiser mensch
links von uns ein weiser mensch
vorneweg ein klarer mensch
hintenan ein wahrer mensch

eins zwei
wechselschritt
eins zwei
wechselschritt

ueber uns ein bleicher mensch
unter uns ein weicher mensch
in uns ein ganz starker mensch
so ist es heute noch

eins zwei
wechselschritt
eins zwei
wechselschritt

ausreden (2007)

das wusste ich nicht
das hat mir keiner gesagt
das hatten wir hier noch nicht
das haben wir schon immer so gemacht
das haben wir noch nie so gemacht

das kam außer der reihe
das kann ich nicht entscheiden
das hat man mir nicht gesagt
das kann doch nicht sein
dafuer kann ich nichts

dafuer haben wir kein formular
dafuer sind die kollegen zustændig
da kœnnte ja jeder kommen
es gab keinen ermessensspielraum
auf die genehmigung warten wir noch

ich habe nur meine anweisungen befolgt
ich wusste nicht wie dringend es ist
ich dachte das hætte man ihnen gesagt
ich war darauf nicht vorbereitet
ich dachte du freust dich

ich habe verschlafen
ich stand unter erheblichem stress
ich stand unter drogen
ich hatte es verdrængt weil es mich belastet
ich bin ein opfer der gesellschaft

ich habe ein kindheitstrauma
GOTT hat es mir befohlen
meine mutter sagt ich soll das so machen
adolf hitler ist schuld
an diesem tag war ich noch gar nicht geboren

pferdegulasch (2016)

wer

3-4 mittelgroße zwiebeln
3 mittelgroße kartoffeln
3-4 essiggurken
2 paprikaschoten
2 chilischoten
3 knoblauchzehen
50g speck

in kleine wuerfel schneidet

zwiebeln + speck mit olivenœl
in einem großen topf anschwitzt

1.000g mageres geschnittenes
pferdefleisch
darin bis zur graufærbung angart

mit 2.500ml wasser auffuellt

kartoffeln + gurken + paprika +
chilies + knoblauch dazugibt

1½h kœcheln læsst

¼l rotwein + 1 geriebene kartoffel +
pfeffer + salz + muskat +
2 sehr große lœffel groben senf
dazugibt

1½h einkochen & 1½h ziehen læsst

kann davon
3 tage gut essen

anagramme I-V (2020)

fetischismus	architektur	gerechtigkeit
fisch ist muse	tut ihr acker?	eitrig geheckt
fuchs ist mies	urtier hackt	teig gekichert
tief im schuss	tuch kariert	tier geht eckig
misst fuchsie	rate tick-uhr	hirt eckt geige
such fies mist	thai-trucker	geck reiht teig
schief ist mus	kraut riecht	kriegt geeicht
schuf sie mist?	ihr etat-ruck	teich gekriegt
seift muschis	kaut echt irr	gicht-tee-krieg?
ich muss steif	raucherkitt	ihre egge tickt!

mir ist schlecht

ich trist-schelm	schlichter mist	schlecht im rist	schirm stilecht
schlich erst mit	im elchs-schritt	mit schlichters	christlichstem
schirm lettisch	schleim-schritt	schelmisch ritt	rechtlich misst
reimst schlicht	list schert mich	strichelst mich?	er mischts licht
mischt restlich	schmierst licht?	misch erst licht!	streichst milch
erst milch-tisch!	sechs ritt milch	restmilch stich?	rechts ist milch

kindergarten

er kniet - drang?	trinker-gnade	kern-gradient
dann kriegt er	rind-getrænk	neid geknarrt
granit-denker	kinder tragen	kind ertragen
karten-dinger	der tiger kann!	den tragikern
ringender akt	tank dir regen!	trinke da gern
gern kandiert	krieg tarnend	trink gærend
kernig ratend	nirgend kreta?	gern drin teak!
nektar-dinger	knete dir garn	er nagt kinder
ader eng? trink!	dank gern tier	rad kennt gier
rad eng? trinke!	kind rat regen!	da neger trink!
ring der akten	kater? nirgend!	der nektar: gin
kind rat gerne!	kredit - na gern!	da krieg - rennt!
knie regt rand	renditen karg!	grad eint kern
drin regt akne	er trank dinge	genre-art kind
kinn redet arg	neigt der kran?	tank dir regen
kind gar rente?	gærtner-kind	irrt gedanken!

definition (2006)

jeder braucht was er hat: konformismus
jeder hat was er braucht: kommunismus
jeder braucht was er nicht hat: monarchismus
jeder hat was er nicht braucht: konservatismus

nicht jeder braucht was er hat: totalitarismus
nicht jeder hat was er braucht: objektivismus
nicht jeder braucht was er nicht hat: sozialismus
nicht jeder hat was er nicht braucht: kapitalismus

jeder braucht was er kriegt: opportunismus
jeder kriegt was er braucht: faschismus
jeder braucht was er nicht kriegt: absolutismus
jeder kriegt was er nicht braucht: imperialismus

nicht jeder braucht was er kriegt: liberalismus
nicht jeder kriegt was er braucht: positivismus
nicht jeder braucht was er nicht kriegt: funktionalismus
nicht jeder kriegt was er nicht braucht: strukturalismus

r. i. p. (2007)

nach tapfer ertragenem leiden
ist von uns gegangen
nach einem arbeitsreichen leben
ruhet in frieden
niemals vergessen (ganz sicher nicht)
unser lieber großvater vater onkel neffe sohn bruder schwager
unsere geliebte großmutter mutter nichte tochter schwester schwægerin
er/sie/es hinterlæsst
einen missratenen sohn
eine missbrauchte tochter
eine leere wohnung
ein altes auto
dreckige wæsche
rechnungen
erinnerungen
erleichterungen

gespræch (2006)

er hat kein ballgefuehl
das wird dies jahr kein sommer mehr
das bringt doch alles nichts
ich geh nicht mehr wæhlen

wie alt war denn die kleine
das zeug wird auch immer teurer
die spielen wieder in der ersten liga
frueher kann ich nicht

was die sich denken
das merkt doch keiner
vermehren tun sich doch nur die auslænder
ich weiß irgendwie nicht

glaubst du was du da redest?
er hat eine schœne stimme aber das war es dann auch schon
wobei haben sie heute wieder versagt?
der redet so wie er arbeitet

du hœrst dich wohl gern reden?
bleiben sie nur bei ihrer meinung die ist gut genug fuer sie
hatten deine eltern auch lebenden nachwuchs?
beweg dich schneller du toppsau

halts maul du fotze
dumm fickt gut
gehst du wieder mal anschaffen?
er riecht so wie er aussieht

klærung (2018)

frage: ist es schwer ein zwerg zu sein?
antwort: nein
              man darf nur nicht ganz ranreichen

vollkommene welt (2020)

in einer vollkommenen welt
wære kein geræusch lauter
als das rauschen der blætter im benachbarten park

in einer vollkommenen welt
hinge im tierpark an jedem gehege
ein schild mit passenden kochrezepten

in einer vollkommenen welt
wuerde man mit den mœbeln derer heizen
die sich ueber die kælte beschweren

in einer vollkommenen welt
gæbe es fuer die frage: kann ich sie mal was fragen?
sofort ein ding auf die fresse

in einer vollkommenen welt
wuerde der muell getrennt
in essbar & nicht essbar

in einer vollkommenen welt
gæbe es einen straßenstrich
fuer bonzen

in einer vollkommenen welt
gæbe es nach 3 fehlversuchen
platzverweis

vorteil (2009)

etwas zu wissen
das andere nicht wissen
macht dich nicht zu einem besseren menschen

vielleicht geht es dir sogar dreckig
weil du nicht so gut schlæfst
wie die anderen

einkaufen (2018)

schædel magen kuehlschrank leer
heut noch kein geschlechtsverkehr
& auch gar nichts mehr zu saufen
da muss ich wohl mal schnell was kaufen

tuete beutel einkaufstasche
wasser in der mehrwegflasche
20 sorten alpenkæse
ketchup senf & mayonnaise

alles schœn in doppelreihe:
schampus fuer die jugendweihe
erdnuss walnuss cashew mandel
GOTT liebt auch den einzelhandel

hinterm tresen reichlich nacktes
fleisch & auch sehr viel gehacktes
bratwurst klops & rindsroulade
schnitzel mit acrylpanade

aroma farbe glutamat:
schuld daran ist nur der staat
nachhaltig & abbaubar:
thunfisch shrimp & kaviar

vorgeschnitten vorgekaut
bei bedarf auch vorverdaut
fertigfraß mit dicker pampe
schaufel ich mir in die wampe

von der wiege bis zur bahre
buecken fuer die billigware
brægenkranke in sandalen
schubbern sich an den regalen

toter fisch vergammelt friedlich
wenn auch nicht sehr appetitlich
billigweinbrand darf nicht fehlen
(kann man kaufen oder stehlen)

dann noch etwas moppelkotze
& luftgereifte schweinerotze
oder die glasierte scheiße?
anspruchsdenken treibt die preise

krustenbrot in mittelbraun
ist recht lieblich anzuschaun
dasselbe brot in schimmelgruen
wird dem hændler nicht verziehn

liegt der fraß im einkaufswagen
muss ich ihn nicht zur kasse tragen:
stinkend & mit starrem blick
geht es vorwærts stueck fur stueck

zwischendurch ertœnt gesabbel
aus dem ganzen fettgeschwabbel
"holst du schnell die butter walter?"
"warte bis du dran bist alter!"

blœdmusik im hintergrund
ist auf dauer nicht gesund
zum schluss noch etwas geld bezahlen
dabei mit dem fuffi prahlen

dann nach hause mit dem dreck
& 3 bierchen auf den schreck
ruelpsen rœcheln wohlig stœhnen
daran kann man sich gewœhnen

kommunikation I (2019)

monolog: ich rede mit mir   ◀ endolog: es redet in mir
▼
dialog: ich rede mit dir
▼
trialog: ich rede mit euch
▼
...
oligolog: einige reden miteinander
▼
...
polylog: viele reden durcheinander
▼
...
omnilog: alle reden durcheinander   ▶ exolog: es redet aus uns

kommunikation II (2019)

ich denke du fuehlst dass ich glaube was ich sage
du denkst ich fuehle dass ich sage was ich glaube
ich denke du glaubst ich fuehle was du sagst
du denkst ich glaube dass ich sage was ich fuehle
ich denke ich sage dass ich fuehle was ich glaube
du denkst du sagst dass du glaubst was ich fuehle

ich fuehle dass du denkst ich glaube was du sagst
du fuehlst ich denke dass ich sage was ich glaube
ich fuehle du glaubst ich denke was ich sage
du fuehlst du glaubst ich sage was ich denke
ich fuehle du sagst dass ich denke was du glaubst
du fuehlst ich sage was ich glaube & denke

ich glaube du denkst dass du fuehlst was ich sage
du glaubst ich denke dass du sagst was du fuehlst
ich glaube du fuehlst was ich denke oder sage
du glaubst & fuehlst was ich sage & denke
ich glaube dass ich sage was ich denke oder fuehle
du glaubst dass du sagst was du fuehlst & denkst

ich sage dass ich denke & du fuehlst was du glaubst
du sagst dass du denkst dass ich glaube was du fuehlst
ich sage ich fuehle was du denkst oder glaubst
du sagst dass ich fuehle & glaube zu denken
ich sage ich glaube dass ich denke & fuehle
du sagst du glaubst mich zu fuehlen wenn ich denke

kommunikation III (2019)

du trittst mir gegenueber
ich weiche zurueck
du œffnest den mund
ich verkrampfe mich
du sprichst
ich falle zu boden
du sprichst
ich winde mich am boden
du sprichst
ich presse mich an den boden
du sprichst
ich erbreche mich auf den boden
du schließt den mund
ich entspanne mich langsam & ængstlich

schœn dass wir mal so offen reden konnten

vorbeugende maßnahme (2020)

sich nach einem
zu boden gefallenen gegenstand
zu buecken
ist ein guter anlass
dort zu verharren
da gerade
sehr viel fællt in diesen zeiten
& einiges davon
noch zu gebrauchen ist

begegnung (2019)

meine zuversicht stahl er
als dort saß im saal er
gleich unter dem strahler
als wær das normal - der!
ein von hinten recht schmaler
von angesicht fahler
oben schon kahler
dysfunktionaler
asozialer

50 gruende mich schnellstmœglich umzubringen & 5 dagegen (2018)
roland topor zu ehren

1. ich kann mir meinen lebenswandel nicht mehr leisten
2. ich weiß nicht ob ich in zehn jahren immer noch so gut aussehe
3. ich finde frauen jetzt schon von jahr zu jahr anstrengender
4. ich bestimme wann es reicht
5. ich muss dann auf niemanden mehr ruecksicht nehmen
6. ich weiß schon genug ueber menschen
7. ich will keine rechnungen mehr bezahlen
8. ich entlaste die rentenversicherung
9. ich entlaste die krankenversicherung
10. ich entlaste die pflegeversicherung

11. ich muss dann nicht mehr nett & freundlich tun
12. ich habe den schwachsinn meiner mitmenschen satt
13. ich lerne das jenseits kennen
14. ich will den nœchsten krieg nicht erleben
15. ich kœnnte meinen kœrper fuer wissenschaftliche zwecke spenden
16. ich mindere die ueberbevœlkerung
17. ich sterbe dann nicht an krebs oder bin jahrelang bettlœgerig
18. ich kann meine wohnung einem freund ueberlassen der sie braucht
19. ich bleibe von preissteigerungen verschont
20. ich bin danach fuer nichts mehr verantwortlich

21. ich will keine neuen ideen mehr haben
22. ich will mich auch nicht mehr mit alten ideen befassen
23. ich mache platz fuer juengere
24. ich muss dann nicht mehr darueber nachdenken
ob ich bei einer 20jæhrigen einen hochkriege
25. ich muss keine angst mehr haben fett & hœsslich zu werden
26. ich kann ein hœkchen in das letzte kœstchen machen
27. ich habe nicht mehr dieses stœndige hungergefuehl
28. ich gehœre dann endgueltig zur schweigenden mehrheit
29. ich muss mir nicht noch mehr von den gleichen geschichten anhœren
30. ich schaffe gern vollendete tatsachen

31. ich mache aus meinen werken ein abgeschlossenes sammelgebiet
32. ich spare miete wasser strom heizung
33. ich kann endlich mal durchschlafen
34. ich muss tot sein um heiliggesprochen zu werden
35. ich muss tot sein um wiedergeboren zu werden
36. ich kann euch den rest eures lebens im schlaf erscheinen
37. ich treffe im jenseits zur abwechslung ein paar spannende leute
38. ich habe dann ruhe zum lesen
                (kann aber keine seiten mehr umblættern)
39. ich gewinne ein neues verhæltnis zur zeit
40. ich brauche ein ziel im leben & wenn es das letzte ist

41. ich wære um eine erfahrung reicher
42. ich lerne das leben von einer anderen seite kennen
43. ich ueberlasse anderen den rest
44. ich ahne was noch kommt
45. ich muss keinen feinstaub mehr einatmen
46. ich kann mal eine seelenwanderung ausprobieren
47. ich kann fuehrungsaufgaben auf hœherer ebene uebernehmen
48. ich langweile mich
49. es ist mir zu laut
50. ich fuerchte die erderwærmung

1. ich werde euch diese freude nicht machen
2. ich habe noch ziemlich viel spaß
3. ich habe allein schon dadurch erfolg dass ich uebrig bleibe
4. ich habe mehr zu gewinnen & weniger zu verlieren als ihr
5. ich mache die welt jeden tag ein klein wenig besser
              allein durch meine anwesenheit

verbesserung (2020)

hætten tueren nicht 2 sondern 3 seiten
muesste sich niemand mehr
zwischen drinnen & draußen entscheiden

entlastung (2009)

als ich das letzte mal mit GOTT sprach
sagte er:
das geht schon in ordnung

berlin (2009)

berlin hat einen regierenden buergermeister
berlin hat einen senat
berlin hat ein abgeordnetenhaus
berlin hat ein rotes rathaus
berlin hat 12 bezirke
berlin hat einen bundestag
berlin hat ringsherum ganz viel brandenburg
berlin hat einen haushalt
berlin hat ganz viel schulden
berlin hat seen & forsten
berlin hat s-bahn u-bahn straßenbahn
berlin hat sehenswuerdigkeiten
berlin hat fließend warmes & kaltes wasser
berlin hat ganztægig stromanschluss
berlin hat museen & theater
berlin hat opern & galerien
berlin hat kleingærten & kanæle
berlin hat mehr bibliotheken als krematorien
berlin hat mehr friedhœfe als hochschulen
berlin hat mehr bruecken als venedig
berlin hat zustændigkeiten
berlin hat einen zuwanderungshintergrund
berlin hat restaurants & bars
berlin hat hotels & pensionen
berlin hat armut & reichtum
berlin hat einen erheblichen alkoholverbrauch
berlin hat einen erheblichen stromverbrauch
berlin hat einen erheblichen wasserverbrauch
berlin hat arbeitslose & teilzeitbeschæftigte
berlin hat ein olympiastadion
berlin hat gesetze
berlin hat eine polizei
berlin hat rote radwege
berlin hat laute luft
berlin hat einen hohen stresspegel
berlin hat ganz viele lebensluegen
berlin hat immer was zu tun
berlin hat keine zeit zum nachdenken
berlin hat keinen sinn
berlin hat es nicht besser verdient

fortschritt I (2009)

deutschland braucht eine große kurbel
an der richtigen stelle
wenn sich der zug verspætet
voll mit zornigen menschen
drehe ich an der kurbel
& der zug entfaltet sich zu einer wunderschœnen
duftenden bluete
umtanzt von bienen & libellen
das nenne ich fortschritt

fortschritt II (2018)

als ich jung war
trugen nur wenige mædchen einen bh
& kaum eine war rasiert
heute ist beides anders
(alles gute ist nie beieinander)

fortschritt III (2020)

wo frueher gebetet werden musste
macht man heute ein kreuzchen auf dem antrag

wo frueher gedacht werden musste
bildet man sich heute eine meinung

wo frueher einfach gemacht werden musste
bucht man heute angebote

hilfsmittel (2009)

eine einzeln verpackte
ohne packung recht nackte
wissenschaftlich gepruefte
& schriftlich verbriefte
manchmal drogen ersetzende
nicht zu unterschætzende
strahlend weiß glænzende
die leiden begrenzende
in wodka gut lœsliche
in der wirkung dann bœsliche
den in teppiche verbeißende
schnell linderung verheißende
gewœhnung erzeugende
aber selten vorbeugende
fuer teilweise geheilte
auch mittig geteilte
zum selbstmord nicht taugliche
ansonsten schwer glaubliche
in der form ganz nette
kopfschmerztablette

schluckbeschwerden (2017)

heute muss die glocke werden
doch sie wird nicht: schluckbeschwerden

das kann den ganzen tag gefæhrden
statt schaffenskraft nur schluckbeschwerden

ich brauche heute nicht noch mehr denn
mich nerven diese schluckbeschwerden

zur apotheke ziehen herden
leidend an den schluckbeschwerden

& sie zeigen mit gebærden
sprechen geht nicht: schluckbeschwerden

ist kein gesunder mensch auf erden?
nein alle haben schluckbeschwerden

was kœnnte alles aus mir werden
wæren nicht die schluckbeschwerden

meine lieblingsvorschriften (2018)

bei der auslegung einer willenserklærung
ist der wirkliche wille zu erforschen
& nicht an dem buchstæblichen sinne des ausdrucks zu haften
— § 133 bgb

besucherinnen & besucher haben alles zu unterlassen
was den guten sitten sowie der aufrechterhaltung
der sicherheit ruhe & ordnung zuwiderlæuft
— berliner bæder-betriebe: haus- & badeordnung 2018

wer vorausfæhrt darf nicht ohne zwingenden grund stark bremsen
— § 4 (1) stvo

entwicklung (2006)

selbstversuch
selbsterfahrung
selbstfindung
selbstbefriedigung
selbstvertrauen
selbstbewusstsein
selbstentfaltung
selbstverwirklichung
selbstbestætigung
selbstachtung
selbstændigkeit
selbstsicherheit
selbstliebe
selbstbetrug
selbstmitleid
selbstverachtung
selbsthass
selbstverstuemmelung
selbstzerstœrung
selbstmord

selbst schuld?

randgruppen (2009)

ich bin opfer
ich bin opferer
ich bin am opfersten

lasst uns die antræge ausfuellen

stille post (2005)

der hund hat nur sein bein bewegt
der schlund ist ganz mit schleim belegt
der mund wenn schon sehr klein erbebt
das pfund hab ich dort rein gelegt
so bunt hat er ein schwein erlegt
ganz rund ist auch der stein zersægt

entehrt ist wer den baum verbiegt
das pferd ist in dem raum betruebt
wenns gært ist auch die pflaum besiegt
lang wæhrt was sich dann kaum verliebt
der herd ist nicht im traum beliebt
dem schwert ist wohl der saum gewiegt

dieses buch versteh ich nicht
gruenes tuch verzerrt das licht
mueder fuß am abend bricht
ruedes wort begehre ich
fuehre fort den friederich
friere dort gar fuerchterlich

GOTT & ich (2007)
oder: alte bekannte

ich diene GOTT
mich durchstrœmt gewissheit
freiheit befællt mich
jeden tag ein wenig mehr

ich diene GOTT
mein weg folgt dem licht
berauschend gerade
jeden tag ein wenig mehr

ich diene GOTT
licht nach allen seiten zu versenden
so viel kraft fuer so wenig helligkeit
jeden tag ein wenig mehr

GOTT liebt mich
mindestens wie jeden anderen
vielleicht auch ein wenig mehr
jeden tag ein wenig mehr

aufrecht (2007)

ich horche erregt
dort vorn wird das recht gebeugt
dort vorn wird verhœhnt ausgegrenzt erniedrigt
dort vorn leiden mitmenschen schaden

ich muss mich erheben
muss meine stimme erheben
die schwachen schuetzen
die starken in die schranken weisen

ich erhebe mich
will meine stimme erschallen lassen
spuere meine schmerzhafte erektion
& setze mich wieder

reklame (2007)

willst du sicher sein
mach hier geld rein

nich zu viel hiervon
gibt kein erfolg nich

uebergestern ueberheute
(uebermorgen)
leben ohne sorgen

trinken zu zweit
so herrlich breit
alles vorbei
schlossbrauerei

verlust (2009)

nicht viele verwinden
wenn die haare schwinden
& fusseln im ganzen
die platte umkranzen
als schuettere haartracht
rest frueherer haarpracht
auch muss man erwæhnen
jene zottigen stræhnen
durch seitliches kæmmen
kann man ausfall hemmen
aber mit gelen & bleichen
wird man nichts mehr erreichen
haarige ærsche & ruecken
als ersatz nicht entzuecken
der kahlheit zu entfliehn
ist vergebliches muehn

gestern heute uebermorgen (2017)

man muss dankbar sein
auch wenn man keine schuld hat

synæsthesie:
wenn man warmes ganz rot hœrt

man soll mit dem kind ins haus fallen
bis es herausschallt

meinen sie wenn sie hinten schieben
gehts vorn schneller?

jetzt schon machen
was man hinterher will

ein guter verlierer
muss auch gewinnen kœnnen

antonymia (2009)

gœttlich & teuflisch
herrlich & dæmlich
schwærzlich & weise
mannlich & fraulich
launig & launisch
weiblich & weibisch
ueberlich & untersam
feinherb & zartschmelzend
laufend & læufig
rollend & rollig
klughaft & dummsam
reichlich & benachteiligt
fischig & fleischlich
schimmel & essigreiniger

schuettelreime (2018)

der mops
verhasst sind solche hunderassen
den leuten die das runde hassen

die kueche
gehst du dem koch die mœhre stehlen
kommt er zu spæt zum stœre mehlen

doktorspiele
du darfst mir gern die latte wiegen
doch lass sie auf der watte liegen

bitte des 2flers (2015)

leute bewundert mich
ich schaff es nicht allein

erheblich (2009)

der sturz aus einem oberlicht
ist an sich nicht schædlich
ganz anders wenn ein gliedmaß bricht
die schmerzen sind erheblich

wird man dabei vom zaun gepfæhlt
ist das zumeist recht eklig
ein pfahl danach dem zaune fehlt
der schaden ist erheblich

der aufschlag auf dem straßenpflaster
gelingt dabei fast tæglich
doch passt er nicht ins schadensraster
der fehler ist erheblich

die fahrt zur klinik ist zuweilen
schmerzhaft & recht neblig
es lohnt sich nicht zu sehr zu eilen
die zeit ist kaum erheblich

ein todesfall ist eher selten
& dann meist auch ertræglich
einen abgang lasst man gelten
der schwund ist nicht erheblich

volksweisheit (2019)

wo man zwinkert
lass dich ruhig nieder:
bœse menschen haben keine lider

mach es wie die eieruhr
zæhl die dicken eier nur

hat der bauer sich erbrochen
muss die bæuerin nicht kochen

denken (2017)

denken ist wie kœrperpflege:
hin & wieder sinnvoll
aber wer es uebertreibt
reibt sich nur
die empfindlichen stellen wund

alles wird gut (2016)

40 ist die neue 30
tofu ist das neue schnitzel

brot ist die neue butter
mænner sind die neuen frauen

schwarz ist das neue weiß
nein ist das neue ja

so laut heute (2017)

selbstdarsteller & welterklærer
schreihælse & selbstgerechte
ihr wisst schon was falsch ist
bevor ihr es fuer richtig halten kœnnt

genea-logik (2018)

zum kindergroßziehen
muss man geboren sein:
wenn man nicht geboren ist
kann man keine kinder großziehen

eine frage der deutung (2020)

wer im angesicht des schicksals
mit den schultern zuckt
hat vielleicht nur einen lachanfall

transplantation (2020)

wer alle gehirne
vergiftet
kann die kœpfe
austauschen

selbstbestimmung (2020)

es sprach der paranoide egomane:
wenn mich hier einer verfolgt
dann bin ich das

lebensweisheit (2020)

nicht nur wein
kann einen guten abgang haben

wissen schadet nicht
wenn es nicht auffællt

wer keine antworten will
darf keine fragen stellen

lebenslauf (2018)

gezeugt geboren geschrien getrunken geschlafen
gelacht gegessen gewachsen gebrabbelt gespielt
gelernt gesungen gerannt gebadet gereist

gelernt gelernt gelernt gelernt gelernt
getanzt geliebt gezweifelt gesucht gefunden

gelesen gelesen gelesen gelesen gelesen
gedacht gedacht gedacht gedacht gedacht
geschrieben geschrieben geschrieben geschrieben geschrieben

geforscht gelehrt geleitet gezweifelt gehofft

geheiratet
vater geworden
geschieden

gewickelt gefuettert gebadet gespielt gelacht
getræumt gefreut gereist gekocht gearbeitet

gelesen gelesen gelesen gelesen gelesen
gedacht gedacht gedacht gedacht gedacht
geschrieben geschrieben geschrieben geschrieben geschrieben

gewartet gewartet gewartet gewartet gewartet

gestorben

gluecklich gewesen?

mit sicherheit (2020)

ich weiß nicht mehr
was ich gerade schreiben wollte
es wære aber gewiss ein großer erfolg geworden
wenn es jemand gelesen hætte

versuche zur semantik (2005)

I

er hat es ihr nicht eher gesagt   er hat es ihr eher nicht gesagt
er macht nichts aus sich   es macht ihm nichts aus
er kann singen wie kaum ein anderer   er kann kaum wie ein anderer singen
das ist ein entfernter verwandter von mir   das ist ein von mir entfernter verwandter
ich werde dir helfen   dir werde ich helfen
bei dieser arbeit bleibst du jung   bei dieser arbeit wirst du nicht alt
ich bin satt   ich habe es satt
es ist 5 vor 12   es ist 11 uhr 55
der gast wird vom ober bedient   der gast ist vom ober bedient
er hat etwas geschafft   er hat etwas geschaffen

II

was kœnnen wir ablegen?
unsere kleidung - unsere schlechten manieren - unsere vorurteile

was kœnnen wir anlegen?
ein blumenbeet - unser geld - strengere maßstæbe

was kœnnen wir abnehmen?
den telefonhœrer - die muetze - 10 kilo

was kœnnen wir beziehen?
unser bett - eine neue wohnung - arbeitslosengeld

was kœnnen wir einlegen?
gemuese - ein gutes wort - eine pause

was kœnnen wir schieben?
eine nummer (vorher) - einen kinderwagen (hinterher) - frust (stændig)

was kœnnen wir uebernehmen?
ein amt - verantwortung - uns

was kœnnen wir uebergeben?
ein geschenk - verantwortung - uns

was kœnnen wir anstecken?
ein abzeichen - eine zigarette - ein haus

65

ordnung I (2006)

nordwest nordnordwest nord nordnordost nordost
westnordwest   ostnordost
west   ost
westsuedwest   ostsuedost
suedwest suedsuedwest sued suedsuedost suedost

montag dienstag mittwoch donnerstag freitag sonnabend sonntag

mærz april mai (fruehling)
juni juli august (sommer)
september oktober november (herbst)
dezember januar februar (winter)

oben/vorn
links   rechts
hinten/unten

a1 a2 a3 a4 a5 a6 a7 a8
b1 b2 b3 b4 b5 b6 b7 b8
c1 c2 c3 c4 c5 c6 c7 c8
d1 d2 d3 d4 d5 d6 d7 d8
e1 e2 e3 e4 e5 e6 e7 e8
f1 f2 f3 f4 f5 f6 f7 f8
g1 g2 g3 g4 g5 g6 g7 g8
h1 h2 h3 h4 h5 h6 h7 h8

oberschicht mittelschicht unterschicht

ordnung II (2009)

amsel im baum : sonne im herzen
schatten auf der lunge : konto im minus
schimmel im klo : frau an der flasche
tochter auf drogen : sohn im bau
hirn im nebel : zukunft im arsch

lustiger abend (2009)

wenn ich klatsche & singe staunen die anderen & tanzen
wenn ich klatsche & singe tanzen die anderen & staunen
wenn ich klatsche & staune singen die anderen & tanzen
wenn ich klatsche & staune tanzen die anderen & singen
wenn ich klatsche & tanze singen die anderen & staunen
wenn ich klatsche & tanze staunen die anderen & singen

wenn ich singe & klatsche staunen die anderen & tanzen
wenn ich singe & klatsche tanzen die anderen & staunen
wenn ich singe & staune klatschen die anderen & tanzen
wenn ich singe & staune tanzen die anderen & klatschen
wenn ich singe & tanze staunen die anderen & klatschen
wenn ich singe & tanze klatschen die anderen & staunen

wenn ich staune & klatsche singen die anderen & tanzen
wenn ich staune & klatsche tanzen die anderen & singen
wenn ich staune & singe klatschen die anderen & tanzen
wenn ich staune & singe tanzen die anderen & klatschen
wenn ich staune & tanze klatschen die anderen & singen
wenn ich staune & tanze singen die anderen & klatschen

wenn ich tanze & klatsche singen die anderen & staunen
wenn ich tanze & klatsche staunen die anderen & singen
wenn ich tanze & singe staunen die anderen & klatschen
wenn ich tanze & singe klatschen die anderen & staunen
wenn ich tanze & staune singen die anderen & klatschen
wenn ich tanze & staune klatschen die anderen & singen

wortfeld (2006)

abwænden [1] - abwændig [2] - der abwænd [3] - die abwændung [4]
abwenden [5] - abwendig [6] - der abwend [7] - die abwendung [8]
anwænden [9] - anwændig [10] - der anwænd [11] - die anwændung [12]
anwenden [13] - anwendig [14] - der anwend [15] - die anwendung [16]
aufwænden [17] - aufwændig [18] - der aufwænd [19] - die aufwændung [20]
aufwenden [21] - aufwendig [22] - der aufwend [23] - die aufwendung [24]
auswænden [25] - auswændig [26] - der auswænd [27] - die auswændung [28]
auswenden [29] - auswendig [30] - der auswend [31] - die auswendung [32]

[1] eine wand entfernen
[2] auf der anderen seite einer wand
[3] reste einer abgetragenen wand
[4] stelle einer entfernten wand
[5] verhindern
[6] etwas verhindernd
[7] verhindertes ereignis
[8] verhindern eines ereignisses
[9] befestigen an einer wand
[10] an einer wand befestigt
[11] an einer wand befestigtes teil
[12] befestigung an einer wand
[13] nutzen
[14] sich in nutzung befindend
[15] genutzter gegenstand
[16] mœglichkeit der nutzung
[17] befestigen auf einer wand
[18] auf einer wand befestigt
[19] auf einer wand befestigtes teil
[20] befestigung auf einer wand
[21] bereitstellen
[22] schwierig
[23] mit schwierigkeiten bereitgestelltes
[24] bereitstellen mit schwierigkeiten
[25] inneres nach außen verlegen
[26] von innen nach außen verlegt
[27] das von innen nach außen verlegte
[28] das verlegen von innen nach außen
[29] vom schlechteren zum besseren gelangen
[30] vom schlechteren zum besseren gelangt
[31] das vom schlechteren zum besseren gewordene
[32] das sich vom schlechteren zum besseren wenden

ansprache (2009)

meine sehr geehrten damen & herren
liebe freundinnen & freunde
wir haben uns hier versammelt
sind zusammengekommen
heute hier an diesem wichtigen ort
weil uns die sorge vereint um unsere zukunft
weil wir anteil nehmen wollen
die verantwortung hat uns hergefuehrt
zu lange haben wir stillgehalten
zu lange haben wir geschwiegen
doch heute haben wir alles in der hand
nun endlich bewegen sich die dinge
dinge die wie kaum etwas anderes
fuer unsere zeit wichtig sind
kœnnen wir die dinge bewegen?
sie fragen sich sicher so wie ich
wie es weitergehen soll
die großen verænderungen unserer zeit kuendigen sich an (jawoll)
diese verænderungen sind ueberfællig
eine wende geschieht in diesem land
sich den herausforderungen stellen
fuer eine bessere zukunft einsetzen
wir kœnnen & duerfen nicht langer zœgern
wir haben die kraft die zukunft zu gestalten
jeder ist selbst fuer sein glueck verantwortlich
ebenso wie jeder seinen mitmenschen beistehen soll
dass wir heute hier sind zeigt deutlich
dass es eine zukunft gibt (jawoll)
es kann nur besser werden
unsere entscheidungen
kann niemand fuer uns treffen
darum lasst uns zusammen den weg gehen
den wir schon længst hatten gehen sollen
wir alle wissen was sich in diesem land ændern muss
& zwar ganz schnell
wir wollen eine lebenswerte zukunft
fuer uns & unsere kinder
ein weg in eine bessere zukunft ist mœglich
denn es lohnt sich lasst uns beginnen
(jawoll)
(applaus)

politische permutation I (2005)
metasemantischer generator

asz   arbeit bringt sicherheit fuer die zukunft
        arbeit & sicherheit fuer die zukunft!
        arbeit fuer eine sichere zukunft!
        arbeiten schafft mit sicherheit zukunft

azs   die arbeit ist in zukunft sicher
        arbeit fuer die zukunft sichern!
        arbeit fuer eine zukunft in sicherheit!
        arbeit bringt zukuenftig sicherheit

saz   sichere arbeit fuer die zukunft!
        sicherheit durch arbeit fuer die zukunft!
        sicherung der arbeit bringt zukunft
        sicher kann man arbeiten fuer die zukunft

sza   sicher bringt die zukunft arbeit
        sichere zukunft durch arbeit!
        sicherheit fuer zukuenftige arbeit!
        sicherheit fuer die zukunft der arbeit!

zas   zukuenftige arbeit sichern!
        zukunft & arbeit in sicherheit!
        zukunft schafft arbeit statt sicherheit
        zukuenftig wird arbeit wieder sicher

zsa   die zukunft macht mit sicherheit arbeit
        zukunft wird sicher durch arbeit
        zukunft bringt sicherheit oder arbeit
        zukunft & sicherheit durch arbeit!

politische permutation II (2005)
metasemantischer generator

afw   aufschwung & freiheit fuer mehr wohlstand
            aufschwung in freiheit bringt wohlstand
            aufschwung in freiheitlichem wohlstand!
            aufschwung oder freiheit statt wohlstand!

awf   aufschwung zum wohlstand in freiheit!
            aufschwung fuer mehr wohlstand & freiheit
            aufschwung & wohlstand durch freiheit!
            aufschwung & nicht wohlstand schafft freiheit

faw   freiheit ermœglicht aufschwung zum wohlstand
            freiheit statt aufschwung verhindert wohlstand
            freiheit ist aufschwung durch wohlstand!
            freiheit oder aufschwung statt wohlstand?

fwa   freiheit verlangt wohlstand durch aufschwung
            in freiheit kommt wohlstand nach aufschwung
            die freiheit zum wohlstand bringt aufschwung
            freiheit wohlstand & aufschwung fuer alle!

waf   wohlstand durch aufschwung in freiheit!
            wohlstand bringt aufschwung fuer die freiheit
            lieber wohlstand statt aufschwung & freiheit
            wohlstand ohne aufschwung ist freiheit

wfa   wohlstand in freiheit bringt aufschwung
            wohlstand fuer die freiheit des aufschwungs!
            wohlstand bringt freien aufschwung!
            wohlstand oder freiheit sind auch aufschwung

buero (2018)
oder: ode an die motivation

mænnchen malen & nachrichten lesen
schuetzt in der sitzung vor dem verwesen
es wird gesabbelt & gegæhnt & gedœst
was nur selten auf wohlwollen stœßt

hier kannst du gut mit halbwissen protzen
drei plætze weiter malt einer ***
die letzte vorlage war gequirlte scheiße
nicht schlimm: wir drehn uns œfter im kreise

es wird gern mal die wahrheit gebogen
auch an den haaren herbeigezogen
es wird auf firmenziele verpflichtet
& vom versagen der andern berichtet

es wird im konzept gekliert & geschmiert
skizziert & radiert & mit formeln verziert
visualisiert & bunt markiert
zum schluss wirds kopiert & pikiert darauf gestiert

scrum & kaizen & kamilleaufguesse:
im sinn der neuesten beratungseinfluesse
werden mit rot die berichte gerændert
& ganzheitlich unser denken geændert

einen kollegen fuer die gewerkschaft geworben
in dieser zeit sind zwei andere gestorben
der eine hat sich zu tode gesoffen
das læsst uns fuer die uebrigen hoffen

noch einen fuenfer den hinterbleibenen
wir lieben kinder - auch die abgetriebenen
eine spende fuer arme & eine fuer wale
fuer behinderte & hæftlinge & neue regale

es wird implementiert & improvisiert
& konzentriert um eine lœsung laviert
dann kalkuliert & schnell præsentiert
so platt dass es der letzte kapiert

kurz vor feierabend wirds noch mal munter:
die treppe gehts rauf & auch wieder runter
den drucker verschoben & neu verkabelt
die letzte schnittstelle flugs abgenabelt

er wird eingeschaltet & wieder ausgemacht
es wird gelaufen & neuer toner gebracht
man rennt in den raum & gleich wieder raus
man sucht das papier & vom rechner die maus

es wird implementiert & zentralisiert
auch kollaboriert & mit zahlen jongliert
terminiert & kommuniziert & realisiert
& die leitung glaubt die abteilung pariert

lass ihnen den glauben er wird mit ihnen sterben
wir werden uns sowieso wegbewerben
was wir denken hat wenig gewicht
den rest klæren wir auf dem arbeitsgericht

10 anzeichen fuer eine feuchte wohnung (2019)

1. es riecht komisch
2. der boden ist auch ohne teppich schœn flauschig
3. tropische pflanzen gedeihen außergewœhnlich gut
4. die tapete fællt in fetzen von der wand
   die farbe fællt in fetzen von der decke
   empfindlichen familienmitgliedern fællt die haut in fetzen vom kœrper
5. im wohnzimmer erscheint bei sonnenlicht ein regenbogen
6. man unterscheidet die jahre nach der farbe des schimmels auf dem brot:
        2017 gruen
        2018 grau
        2019 braun
7. im winter muss man nebelschwaden aus der wohnung heizen
8. bargeld wird am sichersten in kondomen aufbewahrt
9. kœrperpflege gelingt schnell: einfach morgens
        mit der feuchten bettwæsche durch den schritt wischen
10. es riecht komisch

eine schraube (2009)

erschaffen aus erzen fremder lænder
geformt durch allwirkende kræfte
noch nicht aus der menge der gleichheiten geschieden
noch ihren nachbarn gleich
doch bereit fuer die kuenftigen aufgaben
der welt ein wenig halt zu geben

windung um windung
der bestimmung entgegen
so geformt von alters her
idee formt zweck formt bestimmung
bald erwæhlt aus der vielzahl der gleichen
dazu bestimmt festigkeit zu verleihen

sich um sich selbst drehend
dabei immer tiefer eindringend in die dinge
noch ergruendend & doch schon festigend
zusammenhaltend was andere nur fuegen
(irrtuemer kœnnen jederzeit behoben werden)
eine jede an ihrem platz

die zeitlæufe ueberdauernd
erfuellend die andauernden aufgaben
die nur zu erfuellen der masse gelingt
welche aber stets aus einzelnen erwæchst
jahr um jahr neuer aufgaben harrend
bereit immer wieder das richtige zu tun

rotwein (2021)

wenn du beginnst rotwein zu mœgen & ihn dir leisten kannst
& darin himbeernoten & brombeernoten findest
wenn du eine gute flasche rotwein
einem abend mit einer neuen bekanntschaft vorziehst
aber sowieso keine ganze flasche mehr vertrægst
dafuer genervt bist von schwætzern
die sich ueber himbeernoten & brombeernoten in rotwein auslassen
dann weißt du dass du alt wirst

gastronomie (2006)

sprachliche klarheit & reinheit im dienst an die kund(inn)en erfordern
lenkende hilfestellungen - keinesfalls bevormundend aber nachhaltig

erster versuch gast: herr ober bringen sie mir tasse kaffee
berichtigung: wie heißt das?

zweiter versuch gast: herr ober bringen sie mir die tasse kaffee
berichtigung: wie heißt das?

dritter versuch gast: herr ober bringen sie mir eine tasse kaffee
berichtigung: kaffee ham wa nich

auch dem auftreten der fachkræfte ist ganzheitliche hilfe angedeihen zu lassen

erster auftritt ober: ein kaffee
berichtigung: ich will kein milch

zweiter auftritt ober: ein kaffee
berichtigung: dieses kaffee ist kalt

dritter auftritt ober: ein kaffee
berichtigung: dieses ist gleiches dreckiges tasse wie vorher

metapher (2018)

neulich las ich in einem buch
das leben wære wie ein puzzle
das stimmt aber nicht

was ist ein puzzle?

1. es gibt eine vorher bekannte zahl von teilen
2. jedes teil passt nur an eine bestimmte stelle
3. auf der schachtel kann man das fertige bild sehen
4. man kann es immer wieder neu zusammensetzen
5. man spielt es zum vergnuegen

& das leben?

eingang & ausgang (2017)

den raum durch die tuer zu betreten & zu verlassen
(= den raum weder durch das fenster zu betreten noch zu verlassen)
oder
den raum durch die tuer zu betreten & durch das fenster zu verlassen
oder
den raum durch das fenster zu betreten & durch die tuer zu verlassen
oder
den raum durch das fenster zu betreten & zu verlassen
(= den raum weder durch die tuer zu betreten noch zu verlassen)

ist etwas anderes als

den raum nicht durch die tuer zu betreten & nicht durch das fenster zu verlassen
oder
den raum nicht durch das fenster zu betreten & nicht durch die tuer zu verlassen
oder
den raum durch die tuer zu betreten & nicht durch das fenster zu verlassen
oder
den raum nicht durch die tuer zu betreten aber durch das fenster zu verlassen
oder
den raum nicht durch das fenster zu betreten aber durch die tuer zu verlassen
oder
den raum durch das fenster zu betreten & nicht durch die tuer zu verlassen

& wohl auch etwas anderes als

den raum weder durch die tuer noch das fenster zu betreten
aber durch das fenster zu verlassen
oder
den raum weder durch die tuer noch das fenster zu betreten
aber durch die tuer zu verlassen
oder
den raum weder durch die tuer noch das fenster zu betreten
& gar nicht mehr zu verlassen
oder
den raum weder durch die tuer noch das fenster zu betreten
aber durch tuer & fenster zu verlassen

geburtstag (2009)

wozu geburtstag?

um zu feiern dass ich ueberlebt habe
sind die zeiten nicht schlecht genug
um zu feiern dass ich der alte geblieben bin
bin ich zu ehrlich
& dass ein jahr vergangen ist
spuere ich am lauf der jahreszeiten

wozu also geburtstag?

suche (2007)

ich suche
wo?

ich suche oben
ich suche unten
ich suche rechts
ich suche links
ich suche vorn
ich suche hinten
ich suche drinnen
ich suche draußen
ich suche hier
ich suche dort

wo?
weg

die fischvergiftung (2009)

rollen   stefan & georg - tante eveline mit mein-hund giesebrecht - etwa 5 weitere
            gæste im halbdunkel.

ort   wohnung von tante eveline & onkel horst.

zeit   krise kurz vor ende. tante irmgards geburtstag. gegen abend.

I willkommen

stefan (klingeln wohnungstuer œffnet sich)   hallo tante eveline.

georg (winkt)   hallo tante eveline.

tante e.   ja kuck doch mal wer da ist. ja kuck doch mal wer da ist. ja kuck doch mal.
           ja kuck doch mal wer da ist. wer ist denn da? ja wer ist denn da nur? ja kuck
           doch nur.

stefan   tante eveline wir sinds nur. siehst du uns?

georg   ja wir sinds nur. wieder mal (zu stefan) warum eigentlich?

tante e.   hallo stefan hallo georg. das seh ich doch. schœn dass ihr gekommen seid.
           tante irmgard wird sich aber freuen. & erst mal onkel horst. kommt doch rein.
           kommt doch rein. kommt doch sowas von rein.

stefan (tritt ein)   wir haben es gerade noch so geschafft.

georg (tritt ein)   tante eveline wie siehst du denn aus? ja was ist denn das? wo kommt
           denn das her? das ist ja erheblich. man muss sich schnell darum kuemmern.
           aber ganz schnell.

tante e.   nein nein das ist nur der rest vom kartoffelsalat. kommt doch rein. noch reiner.
           hier rein. die mæntel hier hin. nein da. giesebrecht aus!

stefan (hængt mantel auf)   wo ist denn tante irmgard?

tante e.   sie kommt gleich. sie macht sich noch fertig.

georg (hængt mantel auf)   tante irmgard ist doch schon fertig so lange ich sie kenne.
           vœllig im arsch die alte. was riecht denn hier so?

tante e.   das ist nur der fisch. hier rein. nein da. sucht euch einen platz.

(allgemeines durcheinander)

stefan (stolpert)   ja wo denn? guten tag alle zusammen.

georg (stolpert)   guten tag. ich bin in was reingetreten.

gast I   guten tag. das ist aber schœn dass ihr es noch geschafft habt. wir haben euch
            ja schon so lange nicht mehr gesehen.

gast II (laut)   ihr seht aber komisch aus hahaha.

gast III (zu gast IV)   pass auf den teppich auf. der war mal rot.

gast IV (zu gast III)   sowas kann heute keiner mehr bezahlen

gast V (laut)   & jetzt alle: zum geburtstag viel glueck zum geburtstag viel glueck zum
            geburtstag viel glueck ...

tante e. (zu gast V)   halt die fresse (in den raum) das ist mein stuhl. da sitzt onkel horst.
            nein da! (zu stefan) du da drueben (zu georg) & du zu mir (zu gast I) magst du
            da? (zu gast II) du bist daneben ach was red ich wieder (zu gast III) du da links
            pass auf mit dem teppich (zu gast IV) du auch (zu gast V) benimm dich sonst
            fliegst du raus. giesebrecht geh da runter. giesebrecht aus!

(allgemeines durcheinander)

stefan   wo ist denn tante irmgard?

georg   ist das mein teller?

tante e.   jetzt gibts erst mal kaffee & kuchen. tante irmgard kommt auch gleich. stefan
            tritt da nicht rein da hinten. das ist noch von gestern. bin gleich wieder da
            (abgang richtung kueche)

II feierlichkeit

stefan (krault hund)   giesebrecht du olles stinktier. du haarst ja immer noch so. widerlich
            das. hat onkel horst dich noch nicht ersæuft?

georg   stinkt der hund so? (eintritt tante e. mit tablett) warte ich helf dir. dir werd ich
            helfen. na das sieht aber echt voll lecker aus. schlimm sowas kaum zu glauben.

gast I (zu georg)   nein das ist der fisch (zu stefan) na wir haben uns aber lange schon
            nicht mehr gesehen. du bist aber groß geworden. richtig groß bist du geworden.

gast II (laut)   bist du aber gewachsen hahaha.

gast III (zu gast IV)   aber auf den teppich muessen wir wirklich ein bisschen aufpassen.
            das ist ein schœnes stueck. schœn sowas.

gast IV (zu gast III)   ja sowas ist sehr teuer heute.

gast V (laut)   & jetzt alle: zum geburtstag viel glueck zum geburtstag viel glueck zum
            geburtstag viel glueck ...

tante e. (zu gast V)   halt die fresse (zu den anderen) setzt euch mal alle. kaffee ist fertig. giesebrecht geh da runter aber schnell.

stefan   du hast ja immer noch das große vieh. ich mein den hund.

georg   ach so. aber wo ist denn onkel horst?

gast I   hier hinten.

gast II (laut)   isser nich isser nich hahaha.

gast III (zu gast IV)   ... im wohnzimmer habe ich ja einen echten perser der ist sowas von empfindlich aber eben reine schurwolle & handgeknuepft. da hat man eben was worauf man sich freuen kann wenn man nach hause kommt. schon wenn man da mit der hand drueberfæhrt ist das ein himmlisches gefuehl ...

gast IV (zu gast III)   ja aber diese preise das geht gar nicht.

gast V (laut)   & jetzt alle: zum geburtstag viel glueck zum geburtstag viel glueck zum geburtstag viel glueck ...

tante e. (zu gast V)   halt die fresse (zu den anderen) nun setzt euch mal alle hin. da lasst ihr platz fuer tante irmgard & onkel horst. wirds bald es ist schon spæt. hier nimm ein stueck kuchen. der muesste noch frisch sein. stefan tritt da nicht rein das ist noch von gestern. schœn dass du da bist mein junge & gut siehst du aus du kleiner schwengel.

stefan   was riecht hier so nach fisch?

tante e.   nimm mal den stuhl hier. bist du immer noch so notgeil?

georg   aber hallo. & wo sind die gabeln?

tante e.   reicht mal die teller rueber. hier ist noch kuchen. nein nein das ist nicht der kuchen. das hier ist der kuchen. giesebrecht geh da weg du kriegst die reste. er ist immer so neidisch wenn onkel horst wieder mal besoffen war & ihm die hundekekse weggefressen hat. er nascht aber auch immer so gerne.

gast I   schœn dass man sich wenigstens noch immer zu den geburtstagen sieht. man kommt ja heute zu nichts mehr. frueher war das alles viel gemuetlicher. tante irmgard hat sich damals immer eingeschissen wenn sie gelacht hat. war das jedesmal ein spaß.

gast II (laut)   & gestunken hat das immer hahaha.

gast III (zu gast IV)   ... er hat auch so einen sanften flor. wenn das licht am nachmittag ganz leicht von der seite kommt siehst du diesen rœtlichen schimmer. nur ab & zu muss man ihn mal ganz ganz vorsichtig gegen den strich buersten ...

gast IV (zu gast III)   ja aber kann man sich ja alles nicht mehr leisten.

gast V (laut)   & jetzt alle: zum geburtstag viel glueck zum geburtstag viel glueck zum geburtstag viel glueck ...

tante e. (zu gast V)   halt die fresse (hantiert am kuchen) ja die zeiten werden auch immer schlimmer. der kuchen ist der letzte dreck aber wir muessen heute alle aufs geld achten.

stefan   nun hab dich nicht so. außerdem schuldest du mir noch geld. genau 50€.

georg   nein nein sie schuldet mir geld du hast mir ihre schulden abgetreten weil du bei mir in der kreide stehst.

tante e.   doch nicht beim essen. habt euch nicht so. seit tante irmgard wieder aus das heim raus ist macht sie immer so (gerichtete bewegungen)

stefan   wieso? was fuer heim? außerdem willst du nur ablenken.

tante e.   weiß nicht muessen die tabletten sein. & ich geb dir dein geld zurueck. wenn du mal vorbeikommst næchste woche.

gast I   nun streitet euch nicht. der kuchen ist schlecht genug.

gast II (laut)   & der ist von letzter woche hahaha.

gast III (zu gast IV)   ... & ich hab auch lange gesucht. aber diesen farbton findest du ganz selten ich bin so gluecklich. man muss nur ziemlich aufpassen er ist ja sehr empfindlich. aber reine wolle. das macht doch heute kaum noch jemand ...

gast IV (zu gast III)   kann man sich ja alles auch nicht mehr leisten.

gast V (laut)   & jetzt alle: zum geburtstag viel glueck zum geburtstag viel glueck zum geburtstag viel glueck ...

tante e. (zu gast V)   halt die fresse. (zu georg) wenn man so sitzt wirds doch schon ganz schœn frisch. mach mal heizung da hinten.

stefan   was riecht hier so?

tante e.   das muss der fisch sein.

georg   welcher fisch?

tante e.   genau. habt ihr schon gehœrt? sie haben onkel horst wieder entlassen. aber er hat da sowieso nicht reingepasst.

stefan   wieso denn?

tante e.   das ist wegen die gleichberechtigung. sie haben da jetzt so eine neue vorschrift. sie muessen die waschbecken in den bueros jetzt alle so tief anschrauben dass auch kleinwuechsige sehbehinderte mænner im dunkeln reinpissen kœnnen. wo soll das nur alles noch hinfuehren?

georg   nimm das gelbe ding da weg.

stefan   & deswegen haben sie ihn entlassen? & wo ist tante irmgard?

georg   kommt tante irmgard jetzt?

gast I (laut)   da ist ja tante irmgard!

gast II (laut)   isse nich isse nich hahaha.

gast III (zu gast IV)   ... bis ich den gefunden habe hat es eine weile gedauert. bei dem letzten war der flor schon so runtergetreten & der ganze staub hat sich immer darauf gesammelt. ich pflege meinen teppich ja nur mit natuerlichen mitteln. aber das kostet jedesmal ...

gast IV (zu gast III)   wer soll das nur alles bezahlen?

gast V (laut)   & jetzt alle: zum geburtstag viel glueck zum geburtstag viel glueck zum geburtstag viel glueck ...

stefan (zu gast V)   halt die fresse.

georg (laut)   ja & wie gehts dir denn so? ja wie gehts dir denn?

stefan   mit wem redest du?

georg   mit tante irmgard.

stefan   das ist der schrank mit dem du da redest.

georg   nein daneben.

stefan   das ist giesebrecht. der riecht nur so wie tante irmgard.

tante e.   na da hinten. in der ecke.

stefan   ja wo denn?

georg (sucht im halbdunkel)   na hier. oder da. mach doch mal licht.

tante e.   nee mach mal heizung. ist kalt hier. licht geht nicht heller.

gast I (laut)   tante irmgard wenn dir schlecht wird beug dich nach vorn. das ist der gestank hier. das macht nichts ich kenn das ich hab das auch immer. ja ganz nach vorn. lass es einfach raus.

gast II (laut)   lass es raus sagt der klaus. hahaha.

gast III (zu gast IV)   ... & das mit der kinderarbeit glaube ich nicht. die teppiche sind ja so hochwertig. da werden sie doch keine kinder ranlassen. ich lasse ja auch keine kinder an meine teppiche. soweit kommts noch. & jetzt suche ich noch einen passenden læufer fuer das kleine zimmer. der hændler meint dass die neue lieferung noch diesen herbst kommt da muss man schnell sein. aber so ein weicher flor ist einfach sensationell das musst du dir ansehen ...

gast IV (zu gast III)   kann man sich ja heute alles nicht mehr leisten.

gast V (laut)   & jetzt alle: zum geburtstag viel glueck zum geburtstag viel glueck zum geburtstag viel glueck ...

stefan (zu gast V)   halt die fresse.

georg   pass auf tritt da nicht rein.

stefan   zu spæt.

tante e.   stefan geh doch mal raus & spiel ein bisschen mit giesebrecht. er wird schon wieder so nervœs. das letzte mal hat er eine volle ladung aufs sofa gekackt. aber so richtig du & gestunken hat das meine fresse. so wie frueher war das.

georg   ich mach das. der gestank hier ist schlimm genug (abgang georg)

tante e.   onkel horst braucht sicher noch. er hat eine platzwunde.

stefan   ach schon wieder. er kann ja nichts dafuer dass er so hæsslich ist. gibts hier was zu trinken?

tante e. (holt kognakflasche)   hier hast du. du kleiner schwengel du. reich mal rum die flasche. ist fuer alle was da. ich hab noch mehr. wir sind doch alle nur opfer der gesellschaft.

stefan   ja aber das muss man einem doch nicht gleich ansehen. wo bleibt tante irmgard?

tante e. (streichelt seinen schenkel)   geht ihr wohl wieder nicht gut. pass auf tritt da nicht rein das ist von gestern.

stefan   das sieht ja aus wie onkel horst.

tante e. (streichelt weiter seinen schenkel)   nein nein das ist nur von gestern das muessen wir nachher wegmachen trink noch was nein hier draus. das ist dein glas mein junge. du musst dein glas schon selber halten bist doch schon groß ja ein großer junge bist du (wischt ihm den mund ab) & wie groß mein kleiner schwengel. sag mal hast du schon das von der neuen regierung gehœrt? die will uns doch jetzt allen arbeitslosengeld zahlen.

stefan   nein nein die wollen das arbeitslosengeld abschaffen.

tante e. (streichelt seinen schenkel heftiger)   also ich hab gelesen die wollen die arbeitslosen abschaffen.

stefan   nein nein nein die haben gesagt dass sie die arbeitslosigkeit abschaffen wollen.

tante e. (streichelt seinen schenkel immer heftiger)   & was soll dann aus den ganzen arbeitslosen werden?

gast I   die kriegen dann alle arbeitslosengeld. aber nur wenn sie nicht mehr arbeiten. ich hab gehœrt es gibt dann arbeit fuer arbeitslose die muessen dann immer arbeiten weil sie nicht arbeiten.

gast II (laut)   will auch arbeitslos werden hahaha.

gast III (zu gast IV)   ... diese hochflorteppiche muss man eben œfter buersten das lohnt sich aber auch. ich hab einfach spaß daran & man weiß dass man was gutes gekauft hat. so muss das sein ...

gast IV (zu gast III)   ja wenn das nur nicht alles so teuer wære.

gast V (laut)   & jetzt alle: zum geburtstag viel glueck zum geburtstag viel glueck zum geburtstag viel glueck ...

tante e. (zu gast V)   halt die fresse (streichelt immer noch stefans schenkel) wie du das alles so weißt & du bist so groß geworden es ist so schœn dass du da bist ich hab oft an dich gedacht du kleiner schwengel (eintritt georg) wo warst du denn so lange? ja wo warst du nur?

georg   giesebrecht hat wieder kinder gejagt.

tante e.   was fuer kinder?

georg   die beiden hæsslichen von deinem nachbarn. ist aber nichts passiert. stefan deine hose ist offen.

tante e.   das macht giesebrecht immer soll er ruhig. die beiden stinken & wuehlen immer in unseren muelltonnen. haltet alle mal die tischdecke fest ich muss den tisch ankippen damit der kaffee nicht hier auf unserer seite runterlæuft. nein da. weg da! geh da weg!

stefan   wo ist denn die torte?

georg   die steht draußen. die kerzen brennen schon.

tante e.   tante irmgard kommt gleich zum ausblasen aber ich glaube es geht ihr heute wieder nicht so.

stefan   sie hat hier in die ecke gekotzt.

georg   nein nein das ist von mir. aber dahinten vielleicht?

stefan   ruf mal einen krankenwagen.

georg   ruf mal selber. du schuldest mir noch 5€ fuer das bier von gestern.

gast I   ich ruf den krankenwagen. sicher ist sicher. das ist bestimmt eine fischvergiftung das riech ich schon die ganze zeit. bis die hier sind kann tante irmgard immer noch zum blasen reinkommen.

gast II (laut)   boh alter zum blasen du sau zum blasen hahaha.

gast III (zu gast IV) ... mit der pflege ist das gar nicht so schlimm. ist halt reine
schurwolle aber wenn man drauf læuft ist das als wenn man schwebt einfach
herrlich ...

gast IV (zu gast III) ist nur eben alles so schrecklich teuer.

gast V (laut) & jetzt alle: zum geburtstag viel glueck zum geburtstag viel glueck zum
geburtstag viel glueck.

tante e. (zu gast V) halt die fresse (zu stefan & georg) na seht ihr das schaffen wir schon
alles ist ja nicht das erste mal. schafft euch nur keine kinder an. onkel horst sagt
auch immer das mit diesen ganzen abtreibungen ist schon gar nicht so
schlecht. man kann ja der mutter vorher bescheid sagen.

stefan abtreibungen?

tante e. na das muessen ja immer wir kleinen leute bezahlen genauso mit den ganzen
gruenflæchen schlimm ist das. ich sag ja immer damals nach dem krieg waren
wir froh wenn wir was zu essen hatten. wir fuettern die ja alle durch. trinkt doch
noch was (reicht flasche rum)

georg gruenflæchen?

gast I na das war aber auch eine schwere zeit als wir das hier alles aufgebaut haben
das kœnnt ihr euch gar nicht vorstellen ihr kriegt ja heute alles in den arsch
geschoben aber voll in den arsch du.

gast II (laut) boh du alte sau in den arsch du alte sau hahaha

gast III (zu gast IV) ... also ich freu mich immer wenn ich frueh ins zimmer komme. diese
persischen teppiche haben so einen sanften schimmer man weiß dann gleich
dass man zu hause ist & diese geschichten mit der kinderarbeit sind
uebertrieben die haben halt noch andere vorstellungen von arbeit als die jungen
leute bei uns da ist die ware eben etwas billiger wenn ich auch nicht wirklich
von billig reden wuerde das sind ja doch einige tausend € die man da in die
hand nimmt aber es lohnt sich.

gast IV (zu gast III) ja aber wer hat das schon es wird ja alles immer teurer schlimm ist
das schon.

gast V (laut) & jetzt alle: zum geburtstag viel glueck zum geburtstag viel glueck zum
geburtstag viel glueck.

stefan (zu gast V) halt die fresse.

tante e. (streichelt stefans schenkel) & onkel horst hat auch ganz schlimm was gegen
neger.

stefan gegen was?

tante e. (streichelt heftiger) gegen neger.

stefan   was sind neger?

tante e. (streichelt beidhændig)   menschen mit schwarzer haut.

stefan   also schmutzige menschen?

tante e. (umfasst schenkel) nein nein menschen mit schwarzer haut.

stefan   menschen mit schwarzer haut? sowas gibts doch gar nicht.

tante e. (klammert sich an schenkel) das sagt onkel horst auch immer sowas hætte es frueher nicht gegeben.

stefan   sowas hætte es heute auch nicht gegeben.

tante e.   aber er versteckt sich jedes mal vor angst im keller ich bin dann so einsam du kleiner schwengel.

stefan   das machen wir alle mal durch. wo ist denn tante imgard?

tante e.   willst du nicht œfter mal zu besuch kommen du kleiner schwengel? willst du nicht mal heimlich zur tante kommen? willst du nicht mal?

gast I   wir kommen alle mal vorbei. noch jemand ein stueck torte?

gast II (laut)   iiiiii die olle torte riecht so nach fisch hahaha.

gast III (zu gast IV) ... & wenn sie den auch in rauchblau gehabt hætten hætte ich natuerlich den genommen aber man muss ja froh sein wenn man solche ware ueberhaupt noch findet das wird ja nicht besser heutzutage. ich bin mindestens 3 mal die woche damit beschæftigt die farbe aufzufrischen & den flor aufzurichten. das ist jedesmal eine arbeit. aber es lohnt sich ...

gast IV (zu gast III)   aber sowas kann sich ja heute keiner mehr leisten.

gast V (laut)   & jetzt alle: zum geburtstag viel glueck zum geburtstag viel glueck zum geburtstag viel glueck.

stefan (zu gast V)   halt die fresse (zu tante eveline) tante irmgard hat bestimmt eine fischvergiftung das ist gefæhrlich.

tante e.   ja da muss man hinterher sein heute wird man doch nur noch uebers ohr gehauen. hat einer den krankenwagen gerufen? ist schon das 3. mal in diesem monat. kinder es ist spæt geworden ich werd schon mal abræumen. nimmst du mal? danke schœn. ach lasst mal ihr muesst nicht helfen.
giesebrecht aus! giesebrecht runter da!

(allgemeines durcheinander)

III abschied

tante e. so schœn dass ihr da wart. lass gefælligst die flasche stehen hier wird nicht geklaut. stefan es war so schœn dich hier zu haben komm doch næchste woche mal zum essen du kleiner schwengel.

stefan wo ist der krankenwagen?

georg draußen vor dem haus wo sonst deine hose ist schon wieder offen.

stefan wo ist tante irmgard?

georg auch draußen. hat sich ein taxi genommen.

stefan ein taxi? sie hat doch gar kein geld.

georg na du doch auch nicht. sei froh dass sie versorgt ist. aber der gestank hier! giesebrecht geh weg da das ist meins. & jetzt raus.

tante e. bis bald ihr lieben. eilt aber nicht (zu stefan) deine sachen sehen immer so schœn aus (zu georg) tritt da nicht drauf. giesebrecht aus. aus! giesebrecht nimm das weg das stinkt nach fisch (zu gast I) ich hoffe es hat dir mal wieder gefallen & lass die flasche hier (zu gast II) du hast es ja auch nicht einfach mit so wenig hirn (zu gast III) ich wuerd dir ja einen teppich abkaufen aber der stefan kriegt noch geld von mir der kleine schwengel (zu gast IV) & du bringst mir doch morgen die 3 kæsten bier fuer onkel horst hoch mir ist das immer so schwer du bist ein schatz (zu gast V) noch ein ton & du brauchst eine neue prothese.

stefan (zu gast III)   & immer augen auf beim teppichkauf.

georg (zu tante eveline)   & denk an das geld. ich will zinsen.

stefan (zwængt sich in mantel)   & ich will ein pony. glaubst du an den weihnachtsmann? nichts wie raus hier.

georg (zwængt sich in mantel) mach mal das gelbe ding weg & mach deine hose zu & tritt da nicht rein. das stinkt hier alles.

tante e. kommt gut nach hause. winke winke tut tut wulle wulle meine kleinen schusselchen. nein du nicht giesebrecht bleib drin. das war wieder schœn mit euch wenn ihr tante irmgard seht sagt ihr da ist noch der rest von der torte bis næchste woche hælt die sich noch. die torte mein ich. wenn ich nur wuesste was hier so stinkt. giesebrecht komm rein. giesebrecht hierher! giesebrecht du toppsau!

 (singen) wir haben hunger hunger hunger tæteræ (flaschenklirren) jetzt noch schnell in die kneipe ich hab duuurst (krankenwagensirene) & jetzt
alle: zum geburtstag viel glueck zum geburtstag viel glueck zum geburtstag viel glueck ... (ruelpsgeræusche)

der waldspaziergang (2010)

rollen   fœrster (neffe von onkel guenther) - onkel guenther - buerger mit mein-hund
                giesebrecht - heranziehende volksmassen in 2er(innen)reihen - sprecher im
                hintergrund.

ort   deutschland nordsuedlich - wald mit ordentlich gefluchteten bæumen

zeit   kurz vor ende der krise donnerstags

sprecher im hintergrund   guten morgen aufgrund der großen nachfrage findet diese
                veranstaltung im freien statt wir danken fuer die unterstuetzung: reifen galle -
                fachmarkt heimkultur - kœrperformungsstudio mettmeier - horizont bar -
                spielsalon fortuna - bitte das rauchen einstellen

fœrster   herzlich willkommen bei unserer fuehrung durch den hiesigen wald
                ich begrueße ihnen mit ein frœhliches waidmannsheil

volk (durcheinander)   guten morgen - wo gibt es hier kaffee - wo sind die scheiß bæume
                - nimm das weg das ist eklig - fick dich alter - das riecht hier richtig nach wald -
                ach ist das schœn - das juckt so!

fœrster   das heißt waidmannsdank & jetzt alle

volk (chor)   waidmannsdank

fœrster   na siehste & das kostet 10€ kinder ½ preis halbe kinder also ¼
                haben sie das verstanden?

volk (chor)   hætte ja sein kœnnen

fœrster   stecken sie das geld bitte da hinein nein nein da hinein was ist das fuer ein
                hund der geht aber ganz & gar nicht wo leben wir denn?

buerger   das ist mein-hund

fœrster   wie heißt er denn

buerger   giesebrecht

fœrster   gesundheit

buerger   kostet der hund auch 10€?

fœrster   ich will mal nicht so sein nehmen sie ihn auf den arm oder unter den arm oder
                ueber den arm oder in eine gepruefte
                sicherheitshundewandertrageschutzeinrichtung

buerger   bitte danke schœn

fœrster   da nich fuer & jetzt erklære ich sie die regeln

      1. es werden ordentliche 2er(innen)reihen gebildet

      2. es wird auf die wege gegangen

      3. es wird die weiße linie gefolgt

      4. es wird nichts fallengelassen

      5. es wird nicht laut gerufen

      6. es werden keine tiere beruehrt

      7. es wird kein altœl abgelassen

      8. es wird ausschließlich deutsch gesprochen

      9. es werden keine haustiere ausgesetzt

      10. es werden keine minderheit(inn)en verspottet

volk (chor)   ach schade (marschzug in doppelreihe formiert sich)

fœrster (ans volk gerichtet)   liebe daminnen & damen liebe herrinnen & herren liebe
      kindinnen & kinder ich begrueße ihnen hier in unserem schœnen wald so leid
      es mir tut zu einer besichtigung welche nicht længer als 2 stunden dauern kann
      dann kommen schon die næchsten dazwischen erwarten wir einen waldbrand &
      auf gehts

volk (chor)   hallo onkel guenther

onkel g. (passiert den zug mit totem reh ueber der schulter)   guten morgen ihr
      scheißerchen seid ihr auch schœn artig?

fœrster   nun mal nicht ablenken lassen: hier rechts sehen sie laubwald - hier links sehen
      sie nadelwald - hier in der mitte sehen sie mischwald

buerger   nein wie schœn giesebrecht komm da weg

fœrster   es gilt die alte deutsche bauernregel was hoch ist kann nicht sehr breit sein
      bisschen spaß muss sein haha

buerger   ach was

fœrster   jawoll & hier sehen sie eine anpflanzung von irgendwas gruenem weiß auch
      nicht was das fuer ein zeug ist das ist alles wegen den umweltschutz

buerger   das ist ja furchtbar giesebrecht komm da weg

fœrster   & hier sehen sie einen hirsch

volk (chor)   wo denn

fœrster   na da

volk (chor)   wo denn

fœrster   na da drueben er bueckt sich gerade ist wohl schuechtern

buerger   ach was

fœrster   jawoll (macht kleine tanzschritte & singt leis vor sich & den anderen hin & her)
           strœmender regen auf all deinen wegen ist richtig gut zum brote belegen & das
           ist ein segen ...

volk (chor)   hallo onkel guenther

onkel g. (geht in die andere richtung mit bolzenschneider ueber der schulter)
           bleibt sauber meine kleinen zuckermæuse

fœrster   nun mal nicht ablenken lassen der wildbestand ist erheblich der bestand ist viel
           heftiger mit wild bestanden als sie glauben das kœnnen sie mir glauben & nicht
           nur von wegen dem waldsterben

buerger   das ist alles mehr so wegen das wasser mein-hund kotzt dann auch immer
           mindestens einmal die woche schlimm sowas

fœrster   ihr was?

buerger   mein-hund

fœrster   nun mal nicht ablenken lassen sehen sie mal da drueben nein nein da drueben
           das ist ein wildschwein oder eine fette frau die abprotzt bisschen spaß muss
           sein haha

buerger   ich seh das nicht so bei diesem licht

fœrster   wir fuehren hier auch œfter schulklassen durch das ist nicht ganz so einfach wir
           muessen dann immer alles mit folie auslegen

buerger   in welcher farbe?

fœrster   na forstgruen

buerger   ach was

fœrster   jawoll

volk (chor)   wie schœn

fœrster   beachten sie die waldbrandwarnstufe: aufrecht gehen & rote warnweste tragen
           sonst werden sie mit einer sau verwechselt denn um ½ 8 ist es schon ½ dunkel
           bisschen spaß muss sein haha

volk (chor)   wie schœn

förster   gleich mal merken das wird abgefragt: oben feucht - regen & unten feucht - sumpf

volk (chor)   wie schœn

förster   schmerzt der durst: nutzen sie das trinkhorn - wallt der nebel: nutzen sie das nebelhorn - verirrt im wald: nutzen sie das waldhorn - drœut der alp: nutzen sie das alphorn - lœuft die nas: nutzen sie das nashorn - bisschen spaß muss sein haha

volk (chor)   haha

förster   nicht gegen die bœume lehnen nicht auf die tiere treten benehmen sie sich sie sind hier nicht allein riechen sie die frische waldluft?

volk (chor)   wie schœn

sprecher im hintergrund   bitte beachten sie zu ihrer linken unseren heutigen waldbrand sie erkennen einen flackernden hellgelben schein an den rœndern rœtlich abgesetzt auffœllig ist die geringe rauchentwicklung zusammen mit dem knacken & knistern sowie dem brandgeruch erlaubt sie rueckschluesse auf die brennenden holzarten bitte nicht zu hause nachmachen vielen dank

förster   die bewahrerinnen & bewahrer unseres waldes brauchen jederzeit unterstuetzung werden sie mitglied in unsrem fœrderverein den mitgliedsbeitrag kœnnen sie laut einkommensteuergesetz von der einkommensteuer absetzen falls sie wissen was das ist

volk (chor)   hœtte ja sein kœnnen

förster   da ist ein hirsch

volk (chor)   ach wie schœn

förster   wir befestigen sie bevorzugt an bahndœmmen denn es ist erheblich & verschafft uns umsatz das lieben die leute von außerhalb sie kommen nur deshalb

buerger   wegen die bahndœmme

förster   nein wegen die hirsche sie summdoddel

buerger   hœtte ja sein kœnnen

förster   jeder sachgerecht angebrachte hirsch erhœht die einnahmen aus dem fremdenverkehr um ein ganzes halbes prozent

buerger   ach was

förster   jawoll

buerger   das lohnt sich ja richtig giesebrecht komm her lass den hirsch los der ist erheblich

fœrster   zunehmender enthirschung heimischer wælder wird durch umfassende flæchendeckende bestueckung abgeholfen mit wesentlichen zielfuehrenden gehœrnbewegungen da sind ueberall modernste schnittstellen bei uns ist jeder einzelne hirsch sofort an das allgemein verfuegbare netz angeschlossen aber sowas von sofort - sehen sie mal ueberall schnittstellen wo sie hinsehen

buerger   na besser isses

fœrster   ich denke wir verstehen uns das ist heute eben so

buerger   na besser isses

fœrster   in den kommenden jahren wollen wir diesen wald aufstocken denn mit 2 etagen kœnnen wir die doppelte zahl von fuehrungen hindurchfuehren ferner doppelt soviel holz gewinnen & doppelt so frische luft atmen

buerger   dann komme ich œfter vielleicht doppelt so oft es wird eben alles besser ach was sage ich es wird besserer

fœrster (zum volk)   bleiben sie gefælligst auf dem weg & das kind heben sie wieder auf hier wird nichts liegengelassen was sollen denn die leute denken

sprecher im hintergrund   boooooooooh

volk (chor)   was war das

fœrster   das war ein hirsch

sprecher im hintergrund   boooooooooh

volk (chor)   was war das

fœrster   das war ein hirsch

sprecher im hintergrund   boooooooooh alter

fœrster   wohl doch nicht & nun bitte hier entlang die tiere zerfallen in schwarzwild & rotwild sie zerfallen auch noch in andere teile die sie zum ende der veranstaltung erwerben kœnnen wir haben frisches hirschfilet - frisches wildschweinfilet - frisches rehfilet & auch abgepacktes brennholz im familiengebinde

volk (chor)   will haben

fœrster   wir duengen unsere wælder noch selbst jeden morgen ziehen die werktætigen der umliegenden stædte & gemeinden frœhlich singend in unseren wald um in langen reihen in die furche zu scheißen das ist ein fachbegriff das ist wegen den umweltschutz wir erzeugen infolgedeswegen unseren strom

volk (chor)   wie schœn

92

fœrster	denn længe mal breite ist flæche & ziemlich hoch ist der wald flæchendeckung ist alles worauf es ankommt vorwærts zum erfolg
volk (chor)	erfolg & wohlstand
fœrster	oh yeah
volk (chor)	erfolg & wohlstand
fœrster	oh yeah
volk (chor)	erfolg & wohlstand
fœrster	oh ich liebe euch gebt mir mehr
buerger	ach was
fœrster	jawoll & hier unsere neueste entwicklung zum umgruppieren der tiere insbesondere der hirsche muessen wir nur die fluegelmutter vom gewindestift drehen - den haltebolzen bis zum anschlag eindruecken - auf das leise klicken beim einrasten horchen & den hirsch durch ein reh ersetzen dann die fluegelmutter wieder aufschrauben
buerger	krasse scheiße
fœrster	es wird noch besser alles wegen den fremdenverkehr
buerger	fremdenverkehr
fœrster	jawoll
buerger	ich hatte bisher nur mit wenigen fremden verkehr
fœrster	sie sind ja ein ganz schlimmer wir muessen die zielgruppen bedienen von hinten & von vorn breitenwirkung schafft nachhaltigkeit nur so entsteht wohlstand sie werden schon sehen
buerger	ach was
fœrster	jawoll
buerger	wer macht das alles hier so schœn
fœrster	wir arbeiten jederzeit unter strenger fachlicher anleitung von ganz ganz oben also von richtig ganz oben das kann ich ihnen aber sagen zustændig sind im jahreszeitlichen wechsel das landesamt fuer beforstung & die forschungsstelle fuer durchwaldung
buerger	ach was
fœrster	jawoll
buerger	da haben wir ja noch mal glueck gehabt

fœrster   das kœnnen sie laut sagen

volk (chor)   hunger - durst - scheiße - wo ist mein blauer kaschmirpullover? - gib mir das ding du dummes schwein

fœrster   liebe anwesendinnen & anwesende beim betrachten der natur kann es zu erschœpfungen kommen weshalb wir nun eine pause machen sollen muessen sie dauert etwa durchschnittlich genau 12 minuten & ist kurzweilig rauchen ist verboten (doppelreihen werden zu viererreihen aus denen lichtblitze & knistergeræusche dringen)

sprecher im hintergrund (mit hall unterlegt)   schafft eine einheitliche forstverwaltung! gruendurchzogen - tierdurchdrungen - lichtdurchflutet - wælder rauschen: wælder im rausch - baumkrone der schœpfung - schuetzensbeduerftig - bewahrungserheblich - nutzungsgerecht - so viel bæume so viel tiere so viel liebe - schafft eine einheitliche forstverwaltung!

fœrster (laut)   hirsch hirrsch herrsch

sprecher im hintergrund (mit hall unterlegt)   schafft eine einheitliche forstverwaltung! reichtum der natur muss gezæhlt - gewogen - gesichert werden - lasset uns den heimischen forsten dienen - wie auch sie uns dienen licht & odem holz & schatten nahrung & wasser - die schœpfung ist gefæhrdet - schafft eine einheitliche forstverwaltung!

fœrster (laut)   hirsch hirrsch herrsch

sprecher im hintergrund (mit hall unterlegt)   schafft eine einheitliche forstverwaltung! keine freiheit ohne atem freigehend - bindung der heimat am boden des waldes - unsere achtung in demut vor der natur - fuellt weiche persœnlichkeit in hartes holz - freiheit ist lebensfreude ist schœnheit - es gibt keinen wohlstand wo nicht von holz ist - schafft eine einheitliche forstverwaltung!

fœrster (laut)   hirsch hirrsch herrsch

buerger (von kleinem podest ans volk)   wald ist wachstum - entwicklung - frieden - leben & alles ist von holz: die gruenen gueter in wuerde bewahren erhalten schuetzen ist hohes ziel zu erleben vereinen besitzen so dienen wir dem wohlverstand

fœrster   schœn gesagt & wissen sie wie man das nennt? (erhebt hirschfigur)

buerger   hirschartig

volk (applaus)   ...

buerger   hirschæhnlich

volk (applaus)   ...

buerger   hirschfœrmig

volk (applaus) ...

buerger hirschfæhig

volk (applaus) ...

buerger hirschhaft

volk (applaus) ...

buerger hirschlich

volk (applaus) ...

buerger hirschig

volk (applaus) ...

buerger hirschgemahnend

volk (applaus) ...

buerger hirschsam

volk (applaus) ...

buerger hirschend

volk (applaus) ...

buerger hirschseitig

volk (applaus) ...

buerger hirschlastig

volk (applaus) ...

buerger hirschgængig

volk (applaus) ...

buerger hirschmæßig

volk (applaus) ...

buerger hirschanmutend

volk (applaus) ...

buerger hirschlæufig

volk (applaus) ...

buerger hirschhaltig

volk (applaus) ...

buerger   hirschtypisch

volk (applaus) ...

buerger   hirschvoll

volk (applaus) ...

buerger   hirschert

volk (applaus) ...

buerger   hirscherig

volk (anhaltender applaus & jubel)

fœrster   innerhaftigkeit deutlich erhaben in der dæmmerung in erheblichem umfang
          jeden tag hallender ruf des wildes durch den tann & kief - tiere aller formen
          braun & grau & rot & gelb

buerger   ach was

fœrster   jawoll

buerger (von kleinem podest ans volk) jeder wird hier gebraucht fuer den fortschritt
          anmutiges springen der tiere leuchtende energie sattes gruen tiefer duft alles ist
          unser & soll noch unserer werden

fœrster   damit ist unsere fuehrung zu ende & jetzt raus hier - der letzte muss noch eine
          fuehrung mitmachen

volk (allgemeines durcheinander) raus hier - wo ist mein blauer kaschmirpullover? - ich
          hab duuuuurst - ich muss pissen

fœrster   bitte nichts liegenlassen das kind da wird wieder mitgenommen

volk (chor) hallo onkel guenther

onkel g. (geht wieder zurueck mit bolzenschneider & fahrrad ueber der schulter) na alles
          gut ihr kleinen ihr seid so niedlich

sprecher im hintergrund die fuehrung ist zu ende herzlichen dank fuer ihre
          aufmerksamkeit bitte verlassen sie nun den wald folgen sie der weißen linie die
          erfrischungen werden hinten gereicht

die fahrt (2009)

sympathisch-systemische sozialsatire

rollen   buerger mit mein-hund giesebrecht unter dem arm veruebt am straßenrand
          anmutig-wellenartige bewegungen zur erregung der aufmerksamkeit

          junger schlanker taxist in elegantem beigefarbenem fahrzeug

ort   berlin in straßen mit namen umgeben von weiteren fahrzeugen

zeit   gleich neulich. krise kurz vor ende

buerger   taxi bitte. so halten sie doch. ich habe einen anspruch darauf.

taxist (fæhrt rechts ran)   guten tag.

buerger   guten tag ich benœtige befœrderungsleistung. ich bin zur charakterpruefung
          vorgeladen. es ist eilig.

taxist   soll das heißen sie haben einen charaktermangel?

buerger   es geht um mein-hund.

taxist   wie heißt er?

buerger   giesebrecht.

taxist   gesundheit. er kommt ihn in den kofferraum wegen dem geruch.

buerger   mein-hund ist an gestank gewœhnt.

taxist   sie sind ein jauchenotto. wohin wuenschen sie gefahren zu werden?

buerger   irgendwas mit b. bo- ... buhnske- ... ach so winkelmannstraße.

taxist   winkelmannstraße ist aber weit weg.

buerger   nein nein nein obere waldfelder querstraße.

taxist   das ist schon besser ich fahre zufællig gerade in diese richtung.

buerger   ich bin erfreut.

taxist (ueberreicht formular)   hier haben sie das formular zwecks
          beforderungsvereinbarung. beginnen wir: mænnlich/weiblich?

buerger   ja gern.

taxist   wohnhaft?

buerger   selbstverstændlich.

taxist   hygieneprobleme?

buerger ich bitte sie.

taxist   raucher(in)?

buerger natuerlich.

taxist   haben sie eine aufenthaltsberechtigung?

buerger nein sie etwa?

taxist   personaldokument?

buerger eine eintrittskarte fuer den zoo vom letzten jahr.

taxist   ja gern. abartige neigungen?

buerger wenige.

taxist   schade eigentlich.

buerger das sind eben die zeiten man kommt zu nichts mehr.

taxist   sie haben einen geilen arsch.

buerger das ist richtig.

taxist   damit ernenne ich sie fuer die dauer des befœrderungsvorganges zum fahrgast
          auf zeit & begrueße sie ganz herzlich im namen der berliner taxiinnung.

buerger (unterschreibt) ist das ein wort mit doppel-i?

taxist (steigt aus œffnet tuer verstaut hund im kofferraum klappt fußraste nach unten)
          jawoll.

buerger (kriecht in die œffnung nimmt sitz ein) schœn. & so einfach.

taxist (klappt fußraste ein schließt tuer steigt wieder ein) so wie sie aussehen haben sie
          doch bestimmt anspruch auf bevorzugte behandlung oder dienstleistung nach
          der 2. durchfuehrungsverordnung zum berliner landesminderheit(inn)en-
          schutzgesetz in der fassung von letzter woche?

buerger ach ich weiß nicht.

taxist (beginnt fahrt) dann schnallen sie sich an & achten sie auf die anweisungen
          wæhrend der fahrt.

buerger so aufregend.

taxist   kaffee?

buerger ja gern.

taxist (fæhrt rechts ran) bitte sehr. beeilen sie sich. ich muss zur charakterpruefung.

buerger (steigt aus begibt sich zu geschæft ersteht kaffee steigt ein)   danke recht sehr. das ging aber schnell.

taxist (setzt fahrt fort)   beeilen sie sich.

buerger   sie sind ein stulpenschlumpf.

taxist   was stinkt hier so?

buerger   das sind sie.

taxist   aber wie kann das sein? sie sind doch ein hæsslicher wichser & nicht ich. oder es ist der hund. oder sie sind in etwas getreten.

buerger   der kaffee schmeckt nicht.

taxist (fæhrt rechts ran)   bitte sehr.

buerger (tuer auf kaffee fliegt raus tuer zu)   danke sehr.

taxist (setzt fahrt fort)   das ist die krise.

buerger   man wird nur betrogen & ausgenommen.

taxist   haben sie ueberhaupt geld fuer ein taxi?

buerger   das sollte man annehmen.

taxist (fæhrt rechts ran)   steigen sie aus begeben sie sich zur rechten hinteren wagenseite holen sie mit langsamen bewegungen ihr geld heraus & zeigen sie es mir aber zackzack.

buerger (œffnet tuer)   & die fußraste?

taxist (steigt aus geht um wagen)   komm mir nicht so. raus du schmarotzer.

buerger (steigt aus zeigt buendel von banknoten)   bitte sehr.

taxist (steigt ein)   glueck gehabt. beeilen sie sich. ich muss zur charakterpruefung.

buerger (steigt ein)   sie sind ein verlustposten.

taxist   jawoll.

buerger   ich hingegen bin ein aufrechter deutscher mit einem schwanz wie ein pferd.

taxist (setzt fahrt fort)   zeigen sie mal her das ding.

buerger   vielleicht spæter. dauert die fahrt lange?

taxist   jawoll.

buerger   gut hab mir schon sorgen gemacht.

taxist   sie fahren an ihrem schicksal vorbei.

buerger   die wege GOTTes sind nicht ergruendlich.

taxist   welchen sinn hat es den ort zu wechseln? bleibt man nicht immer derselbe? derselllllllllllllllllllllllllllllllllllllllllbe?

buerger   allgemeine selbstæhnlichkeit sorgt in der tat fuer die wiederholung bewæhrter muster an jedem beliebigen ort doch ist unser jeweiliges passieren der œrtlichkeiten nicht eine notwendige phase der entwicklung?

taxist   das heißt sie sind bereits am ort der charakterpruefung ohne dass ich sie fahren muesste denn im gewebe der raumzeit kœnnen wir jederzeit auch durch die falten schluepfen.

buerger   ich hab aber meiner frau blumen versprochen.

taxist   das ist was anderes.

buerger   sehe ich auch so.

taxist   bitte die rechte hand an den rechten griff. wegen die sicherheit.

buerger   ihre fahrweise bereitet mir erhebliche uebelkeit ich erachte es demzufolge fuer angemessen mich nunmehr zu uebergeben.

taxist (fæhrt rechts ran)   bitte sehr.

buerger (tuer auf lautstarkes wuergen tuer zu)   vielen dank.

taxist (setzt fahrt fort)   man hat doch anspruch auf eine warme mahlzeit am tag & das war sie gerade.

buerger   die zeiten werden auch immer schlechter.

taxist   man kann ja kaum noch davon leben.

buerger   frueher hætte es das nicht gegeben.

taxist   heute hætte es das auch nicht gegeben.

buerger   das ist die krise.

taxist   wie sie das so alles wissen.

buerger   ich bin anstændig erzogen. ich mache keine sprueche.

taxist   was stinkt hier so?

buerger   das sind sie. dauert es noch lange?

taxist   jawoll.

buerger   wissen sie wo wir hier sind?

taxist   jawoll.

buerger	hætte ja sein kœnnen.
taxist	sie glauben gar nicht wer schon alles seine stinkenden gehænge an meinen schœnen flauschigweichen sauberen polstern gerieben hat.
buerger	nein.
taxist	jawoll.
buerger	wer denn?
taxist	na dieser typ sie wissen schon der aus den nachrichten.
buerger	ach der. wie aufregend.
taxist	jawoll.
buerger	& die wichsflecke hier auf dem sitz?
taxist	na hœren sie mal das ist echtholznaturpflegewachsreinigungslotion fuer hochwertige kraftfahrzeuginnenausstattungsbestandteile.
buerger	riecht aber wie wichsflecke.
taxist	nicht in meinem wagen wo leben wir denn.
buerger	beeilen sie sich ich muss zur charakterpruefung.
taxist	sie wissen dass sie ihrem dasein auch nicht durch die fahrt in einem taxi entfliehen kœnnen.
buerger	nein?
taxist	nein die finden sie ueberall.
buerger	dachte ich mir.
taxist	was wollen sie ueberhaupt hier?
buerger	ich muss zur charakterpruefung.
taxist	warum musste es ausgerechnet mein wagen sein?
buerger	sie kamen des weges so jung & anmutig. ich hatte es eilig. das schicksal fuehrte uns zusammen.
taxist	was wollen sie hier?
buerger	zuernen sie nicht meiner ich bin ein opfer der gesellschaft.
taxist	das sieht man aber sie machen mir arbeit.
buerger	das schmerzt mich soll unsere beziehung schon hier enden?
taxist	sie machen meinen wagen dreckig es stinkt noch stundenlang & verbraucht

teuren treibstoff. denken sie an das klima.

buerger   die charakterprufung fuer hunde ist vorschrift sie dient dem wohle der gesellschaft.

taxist   aber es stinkt.

buerger   es dient dem fortschritt.

taxist   der gestank geht nicht mehr raus.

buerger   es dient der demokratie dem solidarprinzip der freiheit dem wohlstand der eigenverantwortung dem umweltschutz der mitbestimmung.

taxist   na besser isses.

buerger   sie sind ein schusselchen.

taxist   sie sind ein sonnenschnattel.

buerger   das sagt meine frau auch immer.

taxist (schaltet einen bildschirm ein)   es wird zeit fuer die werbung.

buerger (betrachtet werbefilm)   das ist widerlich.

taxist   jawoll.

buerger   haben sie davon noch mehr?

taxist   jawoll.

buerger (versetzt bildschirm mehrere schlæge)   danke sehr.

taxist   keine ursache. zur ordnungsgemæßen & sachgerechten durchfuehrung der personenbefœrderung muessen wir unter den anwesend(inn)en noch eine(n) fahrgastvertreter(in) wæhlen.

buerger (klatscht in eigene hænde)   sehr gut.

taxist   jawoll.

buerger   ich bewerbe mich & stimme fuer mich & jetzt zæhlen wir die stimmen. ich habe gewonnen. ich bin so aufgeregt.

taxist (fæhrt rechts ran)   herzlichen glueckwunsch. hier ist ihre urkunde.

buerger   danke sehr.

taxist (setzt fahrt fort)   das hat doch gar nicht wehgetan. was die leute sich immer so haben. das ist die krise.

buerger   man kommt zu nichts mehr.

taxist   jawoll.

buerger   beeilen sie sich ich muss zur charakterpruefung.

taxist   jawoll.

buerger   wir muessen nach meinem hund sehen.

taxist (fæhrt rechts ran)   bitte sehr.

buerger (steigt aus œffnet kofferraum)   giesebrecht?

taxist (von drinnen)   schmeißen sie das stinkende vieh raus!

buerger (schließt kofferraum steigt wieder ein)   wie bitte?

taxist   jawoll.

buerger   hætte ja sein kœnnen.

taxist (setzt fahrt fort)   ihnen ist nicht zu trauen. ich muss von ihnen eine kaution von
          100€ verlangen das ist wegen die sicherheit.

buerger   aber sind wir hier nicht sicher?

taxist   wir haben kamera & funkueberwachung aber sie sind schon ein ganz
         besonderer fall.

buerger   sie erregen mich heftig.

taxist (fæhrt rechts ran)   das sind dann 100€.

buerger (uebergibt geld)   bitte sehr.

taxist (setzt fahrt fort) danke sehr.

buerger   das kommt aber sehr ueberraschend. sind sie sicher?

taxist   gemæß der 3. durchfuehrungsverordnung fuer zweckgebundene gewerbliche
         einzelbefœrderungsleistungen im land berlin ist es sehr notwendig auf die
         sicherheit zu achten.

buerger   wegen die sicherheit?

taxist   jawoll.

buerger   wie aufregend.

taxist   man kann gar nicht vorsichtig genug sein wenn man es mit leuten wie ihnen zu
         tun hat.

buerger   das ist richtig. ist ihr beruf nicht ueberhaupt sehr gefæhrlich?

taxist   geht so.

buerger   & die ueberfælle?

taxist   man darf sich nicht dabei erwischen lassen. bei betrunkenen ist es immer am einfachsten die setze ich nachts in gewerbegebieten aus.

buerger   wie aufregend.

taxist   jawoll.

buerger   beeilen sie sich ich muss zur charakterpruefung.

taxist   wir singen jetzt das befœrderungslied.

buerger   wie aufregend.

taxist   wir beginnen: fahr deinen weg fahr deinen weg die stadt zieht vorbei vorwærts zur freiheit fahr deinen weg fahr deinen weg.

buerger (stimmt ein)   fahr deinen weg fahr deinen weg.

taxist   das war doch gut oder?

buerger   & das muss sein?

taxist   es gibt befristete ausnahmegenehmigungen fuer randgruppen.

buerger   nein.

taxist   jawoll.

buerger   sind sie eine randgruppe?

taxist   ich bin gleich mehrere randgruppen. ich bin berufstætig. ich bin ehrlich. ich bin gutaussehend. ich sitze aufrecht am steuer meines gelben wagens.

buerger   wie aufregend.

taxist   jawoll.

buerger   wir sind gleich da. ich muss zur charakterpruefung.

taxist   wir haben es gleich geschafft wir lassen uns nicht aufhalten. es ist gut fuer den fortschritt & die gesundheit & die umwelt denn wir haben eine krise.

buerger   man kommt zu nichts mehr.

taxist (fæhrt rechts ran)   da sind wir.

buerger   großartig.

taxist   hier ist der fragebogen zur kundenzufriedenheit: bitte beeilen sie sich die charakterpruefung findet gleich statt.

buerger (macht kreuzchen in kæstchen)   warten sie auf mich?

taxist   nein.

buerger   danke. was bin ich ihnen schuldig?

taxist   das sind 27€.

buerger (reicht banknoten & fragebogen nach vorn)   30.

taxist   ich will von ihnen kein trinkgeld sie haben es nœtiger als ich so wie sie
          aussehen meine verlorene zeit kann mir sowieso keiner ersetzen.

buerger   das ist wahr. das ist die krise man kommt zu nichts mehr.

taxist   jawoll (reicht banknoten zurueck)   hier ist ihre kaution.

buerger   machen sie es gut & lassen sie von sich hœren.

taxist   sie sind ein lustwackel.

buerger   sie sind ein humpelpumpel.

taxist   leben sie wohl ich werde sie in guter erinnerung behalten.

buerger   holen sie mich wieder ab?

taxist   nehmen sie sich doch ein taxi.

die charakterpruefung (2007)

rollen   buerger mit mein-hund giesebrecht unter dem arm

          amtlicher (betr)achter im weißen kittel eigene schuhsohle betrachtend

ort   berliner landestierpruefungsstelle - abteilung charakterpruefungen fuer fast
          mittelgroße handgefuehrte haustiere

zeit   krise kurz vor ende

achter (es klopft)   herein.

buerger (betritt raum mit mein-hund unter arm)   guten tag ist das hier raum 103? in
          worten 100-&-3?

achter (sieht sich um geht zur tuer betrachtet aufschrift von außen)   ja.

buerger (schließt tuer)   mein name ist vollhardt ich soll hier ...

achter (betrachtet schuhsohle)   ... stændig diese hundescheiße. nicht zu fassen ueberall kacken sie hin.

buerger   ... æhhh mit mein-hund ...

achter   was?

buerger   mit mein-hund zur charakterpruefung das ist doch hier?

achter   charakterpruefung? hier? ja.

buerger   fuer hunde. ich soll mich hier melden. ich habe eine auflage.

achter   auflage?

buerger   vom ordnungsamt wegen dieser sache im park.

achter   park?

buerger   aber das war nicht seine schuld.

achter   wem seine schuld?

buerger   von mein-hund. ich bin doch hier richtig?

achter   ja. was denn fuer ein hund?

buerger (zeigt mein-hund vor)   der hier. ich habe ein schreiben vom ordnungsamt. wegen die bisse.

achter   riechen sie das auch? sind sie das?

buerger   was wollen ...

achter   zeigen sie den hund mal her.

buerger (stellt mein-hund auf boden mein-hund fællt um)   er ist schon den ganzen morgen so muede.

achter   legen sie doch ab & nehmen sie platz.

buerger (schaut sich um)   wo denn?

achter   ja. legen sie den hund einfach auf den tisch.

buerger (hebt mein-hund auf bringt ihm zum tisch legt ihn auf die seite)   dauert so eine pruefung lange?

achter   ja. was sagen sie? wie heißt der hund?

buerger   giesebrecht.

achter   gesundheit. ich sehe mir eben mal die zæhne an (beugt sich ueber mein-hund hantiert am kopf).

buerger   & ist alles in ordnung?

achter (richtet sich schnell auf reißt mein-hund dabei ein ohr ab es staubt mein-hund
        bleibt liegen)   was stinkt hier bloß so?

buerger   sie haben mein-hund ein ohr abgerissen!

achter   was?

buerger   da liegt es! sie haben mein-hund ein ohr abgerissen!

achter   erzæhlen sie keinen unsinn. da ist nichts.

buerger   was soll das? ich habe es genau gesehen!

achter   das war lose. sie muessen besser auf ihre sachen aufpassen.

buerger   wollen sie mich ...

achter (schiebt mein-hund kraftvoll die hand bis zum gelenk in darmausgang lautes
        knacken & rascheln)   soso.

buerger   was machen sie da?

achter (zieht arm zurueck wirft fetzen von holzwolle in papierkorb mein-hund bleibt liegen)
        das ist wegen der verstopfung.

buerger   was?

achter   ja. macht bœsartig. steht im handbuch.

buerger   handbuch?

achter   ja. sie muessen ihm vaseline einmassieren. drehen sie ihn mal auf den
          ruecken.

buerger (dreht mein-hund um)   wozu denn das?

achter   fuer den 1. test (schlægt mein-hund von oben auf leib rumpf reißt auf holzwolle
          fællt raus staub steigt auf mein-hund bleibt liegen) sanfte wesensart. sehr gut.
          das sind 3 punkte.

buerger   was?

achter   jetzt der 2. test (greift hoden von mein-hund hoden reißen ab noch mehr staub
          mein-hund bleibt liegen). das sind weitere 3 punkte (wirft hoden in papierkorb)
          sehr gut

buerger   sie haben mein-hund ... sind sie verrueckt?

achter   ja. was?

buerger   sie haben ... ich werde mich beschweren. sie haben mein-hund ...

achter   erzæhlen sie keinen unsinn. da ist nichts. das ist das ganz normale verfahren.
          nur noch 2 tests dann sind wir fertsch (zieht mein-hund am schwanz vom tisch

læsst ihn um kopf kreisen mein-hund reißt vom schwanz schlægt gegen wand putz bricht ab staub steigt auf kopf bricht ab reste fallen zu boden sægemehl fællt heraus). sehr gut (wirft schwanz in papierkorb). gute belastbarkeit. das sind nochmal 3 punkte. sehr gut das erfreut mich.

buerger   sie sind ja ... es reicht ich gehe. geben sie mir den schwanz.

achter   nur noch ein test (nimmt lineal vom tisch versetzt buerger heftigen schlag auf kopf buerger taumelt steht aber mein-hund bleibt liegen). wunderbar ihr hund læsst sich nicht reizen & nochmal 3 punkte. das ist die volle punktzahl. ihr hund hat den charaktertest bestanden. ich schreibe ihnen jetzt die bescheinigung (wendet sich zum schreibtisch). wenn ich nur wuesste was hier so stinkt.

buerger (schwankend & blutend)   mmnnnnhhhhhh. rrnnnngggggg.

achter   sie muessen noch zur kasse im erdgeschoss zimmer 5 die gebuehr betrægt 25€ dann kommen sie mit der quittung zu mir & erhalten ihre bescheinigung.

buerger (schwankend aber schon klarer)   sie ... ich werde ihnen verklagen. sie haben mein-hund kaputtgemacht es ist erheblich.

achter   erzæhlen sie keinen unsinn da ist nichts ich gebe ihnen eine schœne tuete ræumen sie ihren hund weg.

buerger   was soll ich damit ich habe kein-hund mehr. sie haben mein-hund umgebracht es ist eine frechheit. ich werde mich beschweren was denken sie wer sie sind die zeiten werden immer schlimmer man muss sich nicht alles gefallen lassen.

achter   nun haben sie sich nicht so ich schreibe ihnen einen gutschein fuer eine katze das sind dann auch 25€ holen sie sich das tier an der ausgabe im erdgeschoss zimmer 9.

buerger   so eine richtige kleine flauschige katze mit gruenen augen?

achter   was? jaja. gruen. & flauschig (ueberreicht gutschein).

buerger (nimmt gutschein & riecht daran)   & muss ich damit auch zur charakterpruefung?

achter   was? nein nein unsere lagerbestænde sind alle schon geprueft die haben alle einen stempel & sind alle sauber einzeln verpackt.

buerger   stempel?

achter   was? nein nein ich meine eine ohrmarke & katzen stinken auch nicht so dieser gestank stœrt mich schon den ganzen tag.

buerger   ohrmarke.

achter   gleichfalls. keine ursache (schiebt rest von mein-hund mit fuß beiseite).

buerger   vielen dank (verlæsst raum). guten mahlzeit (schließt tuer).

das baby (2009)

rollen	buerger & buergerin mit mein-hund giesebrecht - baby - stefan - sperrkassierer vom gaswerk
ort	wohnung
zeit	krise kurz vor ende

buerger (tuerklingel) giesebrecht weg da (œffnet tuer) sie wuenschen?

sperrkassierer guten morgen. ich bin der sperrkassierer. ich bin von das gaswerk.

buerger das muss ihnen nicht peinlich sein.

sperrkassierer ach muss es nicht das ist gut.

buerger was benœtigen sie? ist es erheblich?

sperrkassierer geben sie mir umgehend 70€.

buerger warum gehen sie nicht zur fuersorge wenn sie geld brauchen?

sperrkassierer ich bin von das gaswerk sie haben die gasrechnung nicht bezahlt.

buerger das muss ihnen nicht peinlich sein.

sperrkassierer ach muss es nicht das ist gut.

buerger wenn sie jetzt bitte einen schritt zuruecktreten damit ich die tuer schließen kann. das baby wird kalt. ich muss ihm die flasche geben.

sperrkassierer geben sie mir umgehend 70€.

buerger sie erzuernen mich & ihre jacke passt nicht zu ihren schuhen.

sperrkassierer ich bin der sperrkassierer. ich bin von das gaswerk.

buerger das baby kuehlt ab & muss folglich wieder aufgewærmt werden. dies ist erheblich & bereitet mir sorgen. wir muessen vorkehrungen treffen. gerade in der heutigen zeit ist es ueberaus notwendig die nachhaltigkeit durch eine reihe zielfuehrender maßnahmen zu sichern.

sperrkassierer ach so maßnahmen das ist gut.

buerger denn es ist das baby von vanessa.

sperrkassierer ach so vanessa das ist gut.

buerger das ist die freundin von der schwester.

sperrkassierer   ach so die schwester das ist gut.

buerger   nein die freundin. & davon das baby.

sperrkassierer   ach so das baby das ist gut.

buerger   sie muessen reinkommen wegen der nachbarn. der gestank ist nicht
auszuhalten. das baby kuehlt ab & es ist schon spæt.

sperrkassierer (tritt ein)   ach so die nachbarn das ist gut.

buerger   ich werd ihnen mal einen kaffee geben.

sperrkassierer   geben sie mir umgehend 70€.

buerger   ziehen sie die schuhe aus. der teppich ist neu. mensch das stinkt aber wirklich
kein wunder wenn eines tages das gaswerk kommt.

sperrkassierer (fællt zu boden)   au.

buerger   stehen sie auf sie machen sich schmutzig das ist noch von gestern treten sie da
nicht rein. wollen sie mal das baby sehen?

sperrkassierer (steht auf)   ach so das baby das ist gut.

buerger   hier ist es. nein das da. giesebrecht geh da runter. das da ist das baby & das da
ist mein-hund nein nein das da ist der hund nein nein das daneben.

sperrkassierer   ach so der hund das ist gut.

buerger   geben sie mir bitte mal den puder da?

sperrkassierer   geben sie mir umgehend 70€.

buerger   machen sie sich nicht læcherlich. halten sie das baby. nein nein so herum das
ende da ist oben.

sperrkassierer   wer biddu? na wer biddu? na wer biddu denn?

baby (lautes bluttern)   ...

sperrkassierer   wat kucktu? na wat kucktu? na wat kucktu denn?

baby (lautes burbeln)   ...

sperrkassierer   wat haddu? na wat haddu? na wat haddu denn?

baby (lautes brœmbeln)   ...

sperrkassierer   wat muddu? na wat muddu? na wat muddu denn?

baby (lautes bumbeln)   ...

sperrkassierer   wat widdu? na wat widdu? na wat widdu denn?

baby (lautes bœdeln) ...

buerger   das ist nicht das baby. das ist von gestern. das baby liegt hier drueben.

sperrkassierer   ach da drueben das ist gut.

buerger   nein nein hier drueben. das da ist mein-hund.

sperrkassierer   ach mein-hund das ist gut.

buerger   nee mein-hund & jetzt geben sie mir die windeln da. es stinkt hier sind sie das?

sperrkassierer   geben sie mir umgehend 70€.

buerger   die windeln sie kleiner doppvottel.

sperrkassierer   ach so die windeln das ist gut.

buerger   ich hœre gerade meine frau kommt zurueck (laut) wir haben besuch (knurren von nebenan) wer sind sie nochmal?

sperrkassierer   ich bin von das gaswerk.

buerger (laut)   er ist von das gaswerk (knurren von nebenan) & was wollen sie hier?

sperrkassierer   geben sie mir umgehend 70€.

buerger (laut)   er will geld (fauchen von nebenan) sie sollen sich verpissen wir geben nichts meine frau regt sich immer so auf.

sperrkassierer   geben sie mir umgehend 70€.

buerger   sie sollen sich verpissen das baby kuehlt ab. ist das ein gestank.

sperrkassierer   es ist wegen die gasrechnung. sie haben die gas...

buerger (laut)   es ist wegen die gasrechnung (knurren von nebenan) wir haben keine gasrechnung (laut) riechst du das auch? (knurren von nebenan) wir hatten noch nie eine gasrechnung. nein das riecht nicht nach gas das ist die windel oder aus dem kuehlschrank.

sperrkassierer   sie haben die gasrechnung nicht bezahlt.

buerger (laut)   er sagt wir haben unser gas nicht bezahlt (knurren von nebenan) wir haben gar kein gas bekommen.

sperrkassierer   ach so kein gas das ist gut.

buerger   jetzt halten sie das hier giesebrecht geh da weg halten sie mal.

sperrkassierer (fællt zu boden)   au.

buerger   sie haben recht es ist wirklich dunkel hier. ist das baby eigentlich auf keime untersucht? man weiß doch gar nicht was man sich hier so reinschleppt wenn ich da an tante irmgard denke wir mussten bei ihr auch immer dieses zeug drauftun wenn wir ihr den ruecken rasiert haben jeden sonnabend kœnnen sie sich das vorstellen? schlimm war das man muss ja so aufpassen heutzutage.

sperrkassierer   ach so sonnabend das ist gut.

buerger   & gestern kommt vanessa plœtzlich hierher & fragt ob wir mal einen tag auf das baby aufpassen kœnnen als ob wir nichts besseres zu tun haben geben sie mir mal den puder.

sperrkassierer   geben sie mir umgehend 70€.

buerger   ich gebe ihnen was auf die fresse. halten sie das balg oder es setzt was das gibt es doch alles nicht in seinen eigenen vier wænden wird man hier belæstigt ich will den scheiß puder.

sperrkassierer   ach so puder das ist gut.

buerger   & womit fuettert man so was? hier hab ich milchzuckerfreie milch fuer 3,29€ aber die zuckermilchfreie milch kostet nur 2,39€. da hab ich auch noch eine packung milchmilchfreien zucker fuer 5,59€ & einen rest zuckerfreie milchmilch fuer 1,79€. das hier ist milchfreie zuckermilch fuer 2,79€. da ist milchfreier milchzucker drin fuer 3,59€.

sperrkassierer   ach so 3,59€ das ist gut.

buergerin (betritt raum)   guten tag. was fuer eine gasrechnung? wir haben gar kein gas aber einen kaffee kann ich ihnen geben.

sperrkassierer   geben sie mir umgehend 70€.

buergerin   aber nicht doch. sie wissen nicht was sie reden. sie sehen auch nicht gut aus ist ihnen schlecht? so kœnnen sie doch nicht unter leute gehen. giesebrecht geh da weg nein das ist ja gar nicht giesebrecht da kriecht das baby auf dem boden herum.

buerger   das ist nicht das baby. das ist noch von gestern.

buergerin (zum sperrkassierer)   also wenn ihnen schlecht ist & sie sich setzen wollen kriegen sie einen kaffee. das ist nur wegen dem gestank. wenn ihnen schlecht ist & sie sich nicht setzen wollen gehen sie besser. das ist nur wegen dem teppich. wenn ihnen gut ist & sie sich nicht setzen wollen halten sie mal den hund fest. das ist nur wegen dem baby. wenn ihnen gut ist & sie sich setzen wollen holen sie vorher das bier aus der kueche. das ist nur wegen meinem mann er braucht das jetzt.

sperrkassierer   ach so bier das ist gut.

buergerin (zum sperrkassierer)   nein nein nicht fuer sie. fuer ihn (zum buerger) heb doch mal das baby auf oder was da kriecht & zieh dir die hose hoch wie du wieder

112

aussiehst. giesebrecht geh da weg.

buerger wo ist das baby? ich brauch jetzt wirklich ein bier.

buergerin hast du wieder probleme mit alkohol?

buerger nein hœchstens ohne.

buergerin jetzt wechsel die windel ich hol bier (abgang buergerin)

buerger was du mich kannst passt in kein wœrterbuch.

buergerin (eingang buergerin) puder ist alle. bier auch. wo ist denn der kognak? naknaknak?

buerger da ist noch eine flasche uebrig nimm dir was aber nicht wieder was verschuetten. giesebrecht geh da weg.

buergerin kinder nee das stinkt.

buerger das baby ist eigentlich ganz niedlich.

buergerin das ist noch gar nichts. du solltest mal ein foto von ihm sehen. vanessa hatte ein foto dabei.

sperrkassierer ach so foto das ist gut.

buergerin das ist schwierig mit fremden kindern. man muss ja so aufpassen wegen der kindesmisshandlung.

buerger warum soll ich das kind misshandeln? ich mag doch gar keine kinder. & warum muessen wir uns darum kuemmern. ist vanessa eigentlich deine nichte?

buergerin nein. die nichte von daniel sein stiefbruders freund die schwester.

sperrkassierer ach so schwester das ist gut.

buergerin (zum sperrkassierer) geben sie mir mal den puder.

sperrkassierer geben sie mir umgehend 70€.

buergerin lass giesebrecht nicht da ran. hatte der schon seine charakterpruefung?

buerger ja gestern aber ich hab den falschen hund mitgenommen deswegen haben wir jetzt eine katze.

buergerin wir haben eine katze?

sperrkassierer ach so eine katze das ist gut.

buergerin was fuer eine katze?

buerger so eine flauschige.

buergerin (eifriges hantieren) wo ist denn die katze?

113

buerger   das weiß ich nicht. gib mal den puder. wo ist das baby?

buergerin   eine katze verträgt sich nicht mit einem hund. jetzt muessen wir erst mal die windeln wechseln (allgemeines durcheinander) wo ist denn das kind?

buerger   du hast den hund eingewickelt.

buergerin   quatsch nicht bring den hund in die kueche & hol milch.

buerger (verlæsst raum & kehrt zurueck)   milch ist nicht.

buergerin   saure milch ist unter dem ding dahinten.

buerger (verlæsst raum & kehrt zurueck)   was soll ein verfallsdatum auf saurer milch?

buergerin   beeil dich das baby kuehlt ab.

buerger   renkst du eigentlich deinen kiefer aus wenn du beute fængst?

buergerin (zum buerger)   du trinkst zu viel (zum sperrkassierer) danke das war hilfreich ich wusste es muss ja auch noch hilfsbereite leute geben.

sperrkassierer   geben sie mir umgehend 70€.

buergerin   genau & kommen sie mal wieder auf einen kaffee wenn sie in der gegend sind. es stinkt hier ja nicht immer so das ist nur wegen meinem mann wir haben es ja nicht einfach. in diesen zeiten kommt man zu nichts mehr.

sperrkassierer (laut)   sollten sie nicht zur zahlung bereit oder in der lage sein bin ich befugt die gasversorgung umgehend zu unterbrechen bis die zahlungen zuzueglich der bis dahin aufgelaufenen verzugszinsen sowie der pauschalen fuer die besuche des sperrkassierers zur unterbrechung & zur wiederherstellung der gasversorgung geleistet wurden ...

buergerin   wir haben gar keinen gasanschluss (tuerklingel) ich bring sie zur tuer ist ja auch nicht so einfach in ihrem alter. mal sehen wer das jetzt ist (abgang buergerin)

stefan (betritt raum)   ... wollte ja nicht stœren guten tag onkel horst.

buerger   warum tust du es dann? halt mal den hund fest ich muss das baby aufheben. wo ist es denn?

stefan   was fuer ein baby?

buerger   das von vanessa.

stefan   ist das die kleine mit den dicken titten?

buerger   nein die große blonde. die freundin von der schwester. du siehst ja so verschwitzt aus.

stefan   heute bruellt das gelbe schwein wieder vom himmel.

buerger   ja ja heiß ist das.

stefan   muss am wetter liegen.

buerger   wann holt vanessa das baby denn wieder ab?

buergerin   sie hat gesagt sie muss noch zum friseur & einkaufen. dann noch mal ins solarium. außerdem wollte sie in die apotheke & mit ihrem neuen freund noch eine woche nach gran canaria. sie muesste also spætestens um 8 uhr zurueck sein. kannst du mir klebeband geben?

sperrkassierer   geben sie mir umgehend 70€.

buergerin   wir haben elektrisch. das geht doch heute alles elektrisch was denken sie denn.

sperrkassierer   ach so elektrisch das ist gut.

buergerin   sehen sie mal den toister. der toistet scheibe fuer scheibe. aber alles elektrisch. so ein schœner toister den hat mein mann gebaut.

buerger   bekommt vanessa eigentlich krankengeld?

stefan   so krank sieht sie doch gar nicht aus

buergerin   das ist nur wegen dem licht. aber sie hatte arbeitslosengeld & kindergeld jetzt kriegt sie erziehungsgeld oder heißt das betreuungsgeld? & wohngeld aber nur wenn das wæschegeld oder das ueberbrueckungsgeld nicht reichen. & onkel horst kriegt krankengeld zu seinem urlaubsgeld. ich bekomme fuer ihn pflegegeld. aber das ist nur ein taschengeld. reicht ja kaum fuer das essengeld. wir beantragen bald eingliederungsgeld & unterhaltsgeld.

sperrkassierer   ach so unterhaltsgeld das ist gut.

buerger   giesebrecht hat die katze gebissen.

stefan   das ist keine katze das ist noch von onkel horst.

buerger   giesebrecht hat das baby gebissen

stefan   das hætten wir gehœert.

buergerin   ja er hætte gejault er ist ja so empfindlich.

stefan   warum schreit das baby nicht?

buerger   weil es muede ist.

stefan   dann wuerde es erst recht schreien.

buergerin   sei nicht so kleinlich du kleiner schwengel. wie stramm du in deinem hœschen wieder aussiehst. giesebrecht hol das stœckchen. nein nein sie doch nicht. giesebrecht holt immer das stœckchen.

sperrkassierer   ach so stœckchen das ist gut.

buergerin (zum buerger)   bring den muell raus aber sieh nach ob das baby drin ist (zum
sperrkassierer) geben sie mir mal die tuete da.

sperrkassierer   geben sie mir umgehend 70€.

buergerin   nun machen sie sich nicht læcherlich unser fernseher geht schon immer
elektrisch das geht doch heute alles elektrisch.

buerger   & gerade jetzt wenn die tage wieder kuerzer werden ist das wichtig das ganze
licht geht bei uns elektrisch.

stefan   das ist blœdsinn. die tage sind gleich lang aber verschieden breit.

sperrkassierer   ach so breit das ist gut.

buergerin   dieses rohr fuehrt an der wand lang aber sie duerfen sich nichts dabei denken
nein nein das geht elektrisch.

buerger   das rohr geht da nur rum & da hinten wieder raus. es tut uns aber nichts. sie
duerfen nicht schlecht von uns denken.

buergerin   wir sind anstændige leute. bis auf meinen mann.

buerger   aber wir kœnnen doch nichts dafuer. stefan sagt immer wir sind doch alle opfer
der gesellschaft. das kommt wegen der ganzen umwelt. ueberall die ganze
strahlung.

buergerin   aber bei uns geht das elektrisch. man sieht sie hatten eine schlimme kindheit.
denn hier geht alles elektrisch. sehen sie mal das neue geræt: es ist gut fuer die
umwelt & es geht alles elektrisch denn es ist gut fuer uns: alles geht elektrisch.

sperrkassierer   ach so umwelt das ist gut.

buergerin   & dieses hier ist gutes butterreinfett es ist wegen der nieren.

stefan   was fuer nieren?

buergerin   oder wegen der augen. das schmeckt dann immer alles viel besser ach was
sag ich besserer. zeig dem jungen mann doch mal dass wir kein gas haben er
guckt so schuechtern.

buerger   da ist noch kognak von tante irmgards geburtstag.

buergerin   ich mag dieses sanfte leuchten in seinen augen. sie schreiben bestimmt
heimlich gedichte so wie tante irmgard frueher.

buerger   das waren keine gedichte das waren beschwerden wegen der hausreinigung.

buergerin   nein nein vorher als sie den amtsarzt geschlagen hat. er wollte ihr næmlich
solche tropfen geben.

sperrkassierer   geben sie mir umgehend 70€.

buergerin   er ist so niedlich. aber dieses leuchten in den augen (zum buerger) warum leuchtest du nicht so? empfindest du noch etwas fuer mich?

buerger   bestimmt ist er in einer sekte. deswegen ist er auch beim gaswerk aber hier geht alles elektrisch.

buergerin   wir haben gar kein gas das brauchen wir nicht. das leben ist ja schon schwer genug aber das muss ihnen nicht peinlich sein sie werden ja ganz rot. kommen sie doch mal zu mir ...

stefan   was ist das da hinten auf dem boden? hast du dich geschnitten? oder bist du das?

buerger   was bin ich?

stefan   geschnitten.

buerger   ich bin nicht geschnitten. ich bin verheiratet. solches verbitte ich mir ein fuer allemal.

buergerin   das ist aber auch verstændlich.

stefan   ich werde mich beschweren nimm das weg das ist oben schon gruen.

buergerin   lieber erdbeeren mit salz als kartoffeln ohne zucker. soll ich noch was anderes einkaufen? (zum sperrkassierer) sehen sie mal das rohr wo das da oben so rum geht aber dann nicht da sondern in die andere richtung. huebsch nicht wahr?

sperrkassierer   ach so die andere das ist gut.

stefan   ich hab jetzt diesen film gesehen mit dem typen wo mir der name gerade nicht einfællt der war aber in diesem anderen film mit der blonden die so dicke titten wie vanessa hat.

buerger   kenn ich alles. hatten wir gleich nach dem krieg auch schon mal schlimm war das damals. wo ist denn das baby?

buergerin   da hinten.

stefan   wo?

buergerin   unter dem schrank. nein nein unter dem tisch. das dicke da.

stefan   das da? nein nein das ist von onkel horst. aber da drueben?

buergerin   nein nein das muss weg. das ist noch von gestern (tuerklingel) gehst du mal ran? & gib mir giesebrechts leine (abgang buerger).

sperrkassierer   geben sie mir umgehend 70€.

buergerin   was soll ich ihnen geben? waren sie nicht gerade schon mal hier?

sperrkassierer   geben sie mir umgehend 70€.

buergerin   kœnnen sie keine vernuenftige antwort geben?

sperrkassierer   geben sie mir umgehend 70€.

buergerin   was denken sie eigentlich wer sie sind?

sperrkassierer   guten morgen. ich bin von das gaswerk

buergerin (laut nach draußen)   ruf die polizei er belæstigt uns. mir ist nicht wohl dabei es muss geprueft werden es ist erheblich. man muss uns helfen wir haben einen anspruch darauf aber sofort.

buerger (laut von draußen)   die polizei ist schon da & die feuerwehr wegen dem gasgeruch wir muessen alle ins freie & eine tuete ueber den kopf ziehen. ich hab ihnen gesagt in unseren tueten ist der muell.

stefan   ich geh jetzt mal der gestank hier ist wirklich schlimm. tritt da nicht rein das ist das baby.

buergerin   nein das ist von tante irmgard von gestern.

buerger   also gehen wir alle ich wollte sowieso noch in die kneipe.

buergerin (zu stefan)   das habe ich deinen eltern auch gesagt immer diese trinkerei schlimm ist das (leise) du kleiner schwengel solltest doch mal kommen wenn onkel horst nicht da ist (laut) giesebrecht komm! nicht die katze fressen! raus mit dir an die frische luft.

(abgang) leise sirenengeræusche im hintergrund

(lautsprecherstimme) bitte nehmen sie kinder an den arm & bewahren sie ruhe. es ist nicht erheblich. die stadtverwaltung bedankt sich fuer ihre mitarbeit.

die kochsendung (2010)

rollen   fernsehkoch - buerger mit mein-hund giesebrecht

ort   fernsehstudio mit herd tisch kamera messerblock blockheizkraftwerk
abfallzerkleinerungsanlage unfallversicherungsformular

zeit   kurz nach ende der krise

koch   guten abend meine damen & herren wir haben wieder wenig zeit: heute
bereiten wir ein schnelles zickezacke lammpueree oder irgendwas mit karpfen.

buerger giesebrecht weg da.

koch   das ist herr ... was auch immer er hat irgendein preisausschreiben gewonnen &
jetzt muss er hier mit mir kochen hahaha bisschen spaß muss sein

das ist die lammkeule das austretende restblut ist abzuschleudern indem wir die
keule mit mittlerer geschwindigkeit um uns kreisen lassen & wenn blut aus
anderen lebensmitteln austritt muessen wir vorsicht walten lassen & was
unterstellen

wir heben nun 2 esslœffel honig unter ½l chicoreesaft erwærmen das ganze
auf 65°c & verquirlen mit 3 eigelben bis feine blæschen aufsteigen

wir benutzen einen balsamico mit altersangabe wenn es schnell gehen soll
reicht ersatzweise etwas himbeermarmelade in essigreiniger mit einem lœffel
backpulver

buerger sagen sie bloß

koch   jawoll dann hæufeln wir einige zartrosa chilenische rosenblætter auf die
mischung & besprenkeln sie mit dem saft frisch erlegter zitronen

nehmen sie die hand aus der schuessel das ist die fuellung das waschbecken
ist da drueben nehmen sie den hund da weg

buerger giesebrecht geh da weg das ist giftig

koch   meinen sie ihr hund versteht das?

buerger nein aber er macht schon einen bogen um die schuessel

koch   den bogen macht er weil hunde eine feinere nase als menschen haben
aber fuer die fuellung reicht der dreck noch

fleisch sollte grundsætzlich nicht verarbeitet werden wenn es

- genetisch verændert ist

119

- aufdringlich riecht oder

- regenbogenfarben zeigt

hingegen ist es meist noch verwendbar wenn es sich beim versuch des zerteilens an der schnittstelle zusammenzieht oder dem messer auszuweichen versucht dann hilft ein beherzter schnitt in længsrichtung

wir nehmen eine gut abgehangene lammkeule & bereiben sie mit leicht kreisenden bewegungen mit nordfranzœsischem meersalz gewonnen durch das verdunsten von meerwasser in der sanften herbstsonne das ist ein salz mit seele so ganz anders als das schwere deutsche erdsalz

wir versehen die haut mit leichten einstichen unseres messers: ein gutes messer ist erheblich fuer eine erfolgreiche kueche dieses hier ist gefertigt aus einem 64lagigen stahl von einem 110jæhrigen japanischen handwerksmeister in 7wœchiger schmiedearbeit

buerger	in der sanften herbstsonne?
koch	halt die fresse ein solches messer hælt ein leben lang nimm den hund da weg jetzt ist das messer hingefallen heb auf die scheiße jetzt ist die spitze abgebrochen schmeiß weg ich hab noch mehr von den dingern

dieses wasser ist ein schottisches mineralwasser vor 8.000 jahren von einem nordischen gletscher abgeschmolzen & durch kalkstein gefiltert ueber die zeitalter hinweg & aus dem boden gedrungen auf einer kuehlen hochebene in der sanften herbstsonne

es muss jetzt schnell gehen wir nehmen mal rasch vollei das ist sozusagen das gelbe vom ei hahaha bisschen spaß muss sein & was ist das da?

buerger	das ist mein-hund
koch	mein was?
buerger	mein-hund
koch	was macht der hier?
buerger	er erholt sich in der sanften herbstsonne
koch	wie heißt er denn?
buerger	giesebrecht
koch	gesundheit
buerger	wo ist das fleisch?
koch	das was?

120

buerger   fleisch

koch   das von gestern? das liegt da unten

buerger   warum da unten?

koch   das ist von gestern

buerger   macht nichts

koch   wo ist es denn?

buerger   na da nein nein daneben warum schmeckt das so komisch?

koch   sie haben in die verpackung gebissen

bueger   dafuer hats aber noch ganz gut geschmeckt

koch   die ist auch mehr wert & morgen machen wir eine fleischlose rinderbruehe gefolgt von einem leichten limettenschaum auf tofugemuese danach reichen wir gefuellte erbsen hat jemand den hund gesehen?

buerger   der ist da in der ecke

koch   nein nein das ist nur der kopf wo ist der rest?

buerger   rest von was?

koch   von dem hund das essen ist fertig wer will mal probieren? ich fragte wer will mal probieren? ran hier sonst koche ich noch mehr ihr arschmaden

   dieses gericht ist von einer erhebenden geschmacksfuelle es lebt von dem kontrast aus sueß & sauer - bitter & salzig - schwarz & weiß - alt & jung - oben & unten - eng & weit

   darauf geben wir einen 18jæhrigen cognac allerbester herkunft das muss auch nicht teuer sein ist alles aus polen wir entzuenden den alkohol & achten auf die flammenfærbung hat jemand die nummer vom pizzaservice?

   hygiene ist ganz erheblich: es ist wichtig sich nach dem beruehren der lebensmittel die hænde zu waschen man weiß nicht wer da schon dran war was ist das da unten?

buerger   da hat sich der hund erbrochen

koch   ach hat er vom dessert gefressen? jetzt noch etwas paprika mittelfeiner mahlung aus ungarn sowie grob gemœrserten roten pfeffer aus madagaskar sanft geschroteten sternanis aus bielefeld oder so

   die pistazienkerne vorsichtig weichkauen & dabei gut einspeicheln dann 1h bei zimmertemperatur in einer offenen schale ruhen lassen durch die enzyme werden die aromastoffe noch besser aufgeschlossen & entfalten sich erheblich schneller in der sanften herbstsonne

1 deutschen apfel entweder goldener brummer oder tante hermine oder ausnahmsweise auch altlænder dickmops zwischen 2 leinentuechern zerdruecken & den saft in 1 flache schale pressen 1 zimtstange zerbrœckeln & mit 5 gewuerznelken in den saft einruehren

etwas rinderfilet darin einlegen & 6 wochen marinieren lassen in der sanften herbstsonne von zeit zu zeit mit 3fach destilliertem wodka aufgießen natuerlich nur mit original russischem oder mit brennspiritus

dann das fleisch vorsichtig abtupfen & 18min bei 180°c mit luftumwælzung garen statt dessen kœnnen sie es auch 12h bei 90°c oder 72h bei 40°c garen & nehmen sie den hund da weg oder ich vergesse mich

die soße gewinnen wir aus einem rinderknochen & 1 flasche sommerauer nordhang auslese

leider ist die zeit schon etwas knapp daher nehme ich heute diesen bruehwuerfel

buerger	was schwimmt in dem eimer da drueben?
koch	das ist die lammkeule
buerger	mit haaren dran?
koch	mit was?
buerger	haare
koch	dann ist das der hund
buerger	mein-hund?
koch	es muss jetzt schnell gehen das ist die lammkeule nein nein das da drueben werfen sie das nicht weg das ist fuer den nachtisch es duerfen nicht mehr als 1.500 keime auf 1m² arbeitsflæche leben
	weniger geht nicht wegen die scheiß lebensmittel vor allem die eimer muessen regelmæßig geleert werden sonst riecht es komisch unter dem arm & jetzt schnell schnell schnell
buerger	giesebrecht geh da weg da sind keime
	was stinkt hier so? das riecht hier wie bei meiner frau unter der ...
koch	natuerlich muss der muell getrennt werden: wir trennen unseren muell meist alphabetisch nach farben wir verwenden nur frische zutaten von freilaufenden landwirten aus der region sie erkennen hier das gruene guetesiegel nein nein das ist schimmel achso hier ist das gruene guetesiegel nein auch nicht das ist

ein rest petersilie

die frucht wird sanft aus der schale geklopft & in mehl gewælzt das dotter
trennen wir vom eiklar nehmen sie den hund weg ich will keine haare im dessert

zusammen mit etwas mildem fenchelsud & etwas grobem franzœsischem senf
quirlen wir eine prise kakao dazu & schwenken die mischung etwa 8h auf
kleiner flamme die masse muss leicht cremig bis pastœs werden & in der farbe
zwischen zartem beige & hellmittelbraun changieren ich habe da schon mal
was vorbereitet wo ist das zeug?

buerger das hat der hund gefressen

koch nein nein der ist da drueben & erbricht sich wieder

buerger na sag ich doch

(tut)

(tut tut)

(tut tut tut)

buerger das essen ist fertig

koch nein nein das ist der rauchmelder ihr hund ist angesengt

wir formen die blætterteigstreifen zu kleinen paketen die wir der længe nach
aufschneiden um sie kreuzweise umeinanderzulegen & dann zu einer duennen
folie auszurollen die wir 10 mal falten um den entstehenden block dann in kleine
streifen zu schneiden

diese werden kunstvoll im uhrzeigersinn verdrillt & in die længe gezogen
selbige werden in kleine stuecke geschnitten welche wir jetzt noch zu einem
griffigen teig verkneten den wir schnell auswalzen & mit einem messer in
handtellergroße rechtecke schneiden diese legen wir uebereinander & pressen
sie fest zusammen

buerger meine frau nimmt dann immer diese fertigmischung

meine frau nimmt dann immer diese fertigmischung

meine frau nimmt dann immer diese fertigmischung

(abspann)

(applaus)

quarantæne (2020)

rollen   buerger mit mein-hund giesebrecht am anfang einer langen schlange -
               eingangswart - schlange (auszug aus der bevœlkerung)

ort   ort (wollen sie nicht wissen)

zeit   neue krise kurz vor ende

buerger guten morgen. ich bin hier wegen die ...

wart   an der roten linie stehen bleiben!

buerger entschuldigung

wart   da nich fuer. so freunde der gepflegten unterhaltung - was machen wir denn
            nun mit euch so kurz vor der mittagspause?

buerger ich bin hier wegen ...

wart   name?

buerger æh æh dings ...

wart   genau. ich hab sie auf der liste. sind sie hier wegen corona oder terror?

buerger was?

wart   haben sie nur husten oder glauben sie an wahrheit?

buerger ich wollte nur die hundesteuer bezahlen

wart   jetzt mal nicht frech werden.

buerger wo muss ich unterschreiben?

wart   erst mal hose runter & buecken.

buerger was?

wart   quatsch das ist ja die falsche liste. hier ist die richtige: sind sie træger einer
            staatlich anerkannten geschlechtskrankheit?

buerger aber ich bitte sie ...

wart   schade - wir haben fuer diesen monat die quote noch nicht voll. erst mal
            muessen sie in dieses becherchen scheißen. quatsch wieder falsch: sie
            muessen diesen fragebogen ausfuellen.

buerger vielen dank. wie lange muss ich hier bleiben?

wart	bis zur erœffnung des verfahrens.
buerger	was?
wart	was?
buerger	was fuer ein verfahren?
wart	ich meine bis sie nicht mehr ansteckend sind.
buerger	wieso bin ich ansteckend?
wart	na wenn ich sie so ansehe ... vielleicht kriegen sie sogar eine sonderbehandlung ...
buerger	ich werde mich ueber sie beschweren.
wart	nein ich werde mich ueber sie beschweren.
buerger	ich werde mich noch viel mehr ueber sie beschweren.
wart	& ich werde mich ganz ganz ganz viel ueber sie beschweren. dann gibt es keinen nachtisch. aber sie kriegen zweimal fruehstueck.
buerger	& das soll eine strafe sein?
wart	sie kennen das essen hier nicht.
buerger	ich bin nur wegen mein-hund ...
wart	was ist das?
buerger	mein-hund.
wart	wie heißt der?
buerger	giesebrecht.
wart	gesundheit.
buerger	wo muss ich bezahlen?
wart	das zahlt alles der staat. nun legen sie ihre oberbekleidung in diesen blauen folienbeutel & sprechen sie mir nach: la-le-lu ...
buerger	sehr gern.
wart	& hier ist das merkblatt. sie haben tæglich eine stunde frischluft. da hinten ist das laufgitter. das wird regelmæßig gereinigt.
buerger	aber mein-hund ...
wart	der kommt in diesen blauen folienbeutel. sie erhalten alles bei der abschiebung zurueck.

buerger   abschiebung?

wart   nein quatsch das ist ja abteilung 3. sie sind in abteilung 1.

buerger   abteilung 1?

wart   das ist nur wegen die sicherheit. auch in abteilung 2.

buerger   abteilung 2?

wart   ja aber das muss unter uns bleiben.

buerger   selbstverstændlich - dauert das noch lange?

wart   sie kœnnen einen anruf tætigen. zum beispiel kœnnen sie verwandte anrufen.

buerger   ich bin doch nicht bescheuert.

wart   sie sind sehr vernuenftig. in dieser schweren krise muessen wir alle zusammen
          die klappe halten.

buerger   das ist richtig.

wart   stehen sie auf minderjæhrige?

buerger   was?

wart   das kommt schon noch. es gibt hier næmlich nur einen fernseher fuer 50 (in
          worten: fuffzich) leute. & jetzt kriegen sie dieses gelbe armband. das versetzt
          ihnen einen stromschlag wenn sie dem zaun zu nahe kommen.

buerger   was?

wart   kleiner scherz - das entfærbt sich wenn sie nicht mehr ansteckend sind.
          außerdem haben sie damit zugang zum essenraum.

buerger   sind denn alle krank hier?

wart   nein die meisten sind nur gefæhrlich.

buerger   ach so das ist wegen die sicherheit?

wart   jawoll.

buerger   das muss einem ja gesagt werden. wann komme ich denn hier raus?

wart   schon in 2 wochen. spætestens ostern sind sie hier raus. allerspætestens
          næchstes jahr zu weihnachten.

buerger   das ist gut. ich hatte næmlich gerade kaffeewasser aufgesetzt.

wart   sie sehen dem bild in ihrem ausweis aber sehr æhnlich.

buerger   ja schlimm oder?

wart   ich brauche jetzt noch einen abstrich & ihre fingerabdruecke.

buerger   die habe ich gerade nicht dabei

wart   die kœnnen sie auch mit der post schicken. notfalls nehmen wir die von jemand anderem.

buerger   das ist gut.

wart   sie erhalten 3 mahlzeiten - um 6 uhr & um 12 uhr & um 18 uhr. davor schuetzt sie nicht mal die deutsche staatsbuergerschaft.

buerger   & dazwischen?

wart   sie kœnnen wæhlen zwischen gesellschaftskunde oder blasmusik.

buerger   sie altes ferkel.

wart   sagt meine frau auch immer.

buerger   & was ist das da?

wart   dieses kleine geræt hat 3 knœpfe: wenn sie fieber haben druecken sie die 1 - wenn sie husten haben druecken sie die 2 - wenn sie atemnot haben druecken sie die 3 - bei uebelkeit erbrechen beklemmung schwindel kopfschmerzen zahnschmerzen druecken sie jeweils 2 davon. die bedienungsanleitung habe ich noch nicht richtig verstanden.

buerger   ich bin aber nicht ansteckend. ich bin ueberhaupt nicht krank.

wart   dann muss ich was anderes in den fragebogen schreiben. also doch terror ...

buerger   muss das sein?

wart   ordnung muss sein. ich schreibe: verschwœrung zur anstiftung einer absicht.

buerger   ist das ansteckend?

wart   nicht wenn sie sich danach immer die hænde waschen.

buerger   dann ist ja gut.

wart   hatten sie umgang mit anderen kranken? ich meine mit anderen verschwœrern?

buerger   was?

wart   scheißen sie auf den staat?

buerger   so wuerde ich das nicht sagen.

wart   haben sie etwas gegen die regierung?

buerger   leider nicht. haben wir eine?

wart   wollen sie die freiheitliche grundordnung beseitigen?

buerger   meine frau sagt immer ich soll den muell rausbringen.

wart   da haben wir es. aber was soll man machen. man kommt ja zu nichts mehr.

buerger   aber auch nicht weniger.

wart   was?

buerger   wegen mein-hund .:.

wart   ich sehe gerade auf der liste dass sie die hundesteuer bezahlen muessen.

buerger   das sagte ich bereits.

wart   dann aber husch husch 2 hæuser weiter. sie sind hier vœllig falsch. aber dieses
          gefuehl haben sie sicher schon oft in ihrem leben gehabt.

buerger   da bin ich aber erleichtert.

wart   wir unterscheiden hier nicht nach geschlecht alter glauben hautfarbe
          einkommen oder gehirnmasse. da kann uns so ein einzelnes dummes
          arschloch schon mal durchrutschen (beginnt breit zu grinsen & sabberfaden
          abzusondern) haben sie schon das gehœrt von diesen ganzen dings ... ich hab
          hier ... guten morgen. was kann ich fuer sie tun? haben sie das ganze helle licht
          mitgebracht? schœn ist das ... (versucht buerger zu umarmen)

buerger   sehr gern. vielen dank. dann gehe ich mal.

wart   & hinterlassen sie eine bewertung! empfehlen sie uns weiter!

buerger   komm giesebrecht.

wart   der næchste bitte.